메코시코주쿠 유학생 대학수험 총서

일본유학시험 (EJU) 실전문제집 전10회수록

수학

코스2 Vol.2
MATHEMATIC COURSE 2

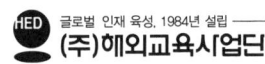
(주)해외교육사업단

監修	豊原 明（東京大学 PhD） 馮 嘉卿（電気通信大学）
執筆	呂 義文（東北師範大学）
校正	程 柯棟（早稲田大学） 賈 鐘哲（東京大学）

©2022 MEKO EDUCATION GROUP Co.,Ltd
All rights reserved. No part of this publication may be reproduced, stored in a retrieval system, or transmitted in any form or by any means, electronic, mechanical, photocopying, recording, or otherwise, without the prior written permission of the Publisher.
Published by MEKO EDUCATION GROUP Co.,Ltd
Dai-san Yamahiro Bldg. 2F, 4-1-1, Kita-Shinjuku, Shinjuku, Tokyo 169-0074, Japan
ISBN978-4-909907-16-5
First published 2022

머 리 말

일본유학시험(EJU)은 외국인 유학생이 일본의 대학에 입학함에 있어 일본어 및 기초학력 평가를 목적으로 2002년부터 실시하고 있는 시험입니다. 2024년 현재, 6월과 11월에 연 2회 실시하고 있으며 일본에서만이 아니고 아시아를 중심으로 많은 나라에서 수험할 수 있습니다.

일본유학시험의 시험과목은 일본어, 이과(물리·화학·생물), 종합과목과 수학으로 크게 4과목으로 나뉘어져 있으며 이과는 물리·화학·생물의 3과목에서 2과목을 선택하고, 수학은 코스1과 코스2 중에서 하나의 코스를 선택합니다. 각 과목의 시간배분은 일본어가 125분, 일본어 이외의 과목은 80분입니다. 배점은 일본어가 450점 만점, 다른 과목에 대해서는 각 200점 만점입니다. 각 과목에는 전문용어도 다수 쓰이고 있기 때문에 어휘력과 문제에 따라서는 독해력도 필요합니다.

메코시코주쿠에서는 일본유학시험의 경향, 분석 등의 연구를 평소 철저히 실시하고 있습니다. 본교에서 작성한 실전문제를 수업에 도입하였더니 실제 시험에서 고득점을 얻은 본교의 학생으로부터 "수업에서 푼 실전문제가 많은 도움이 되었다."라는 의견이 있었습니다. 그러한 경위로 한 사람이라도 더 많이, 일본유학시험을 수험하는 분들에게 힘이 되고 싶다는 생각에서 본 책을 출판하였습니다.

이 책은 과거 일본유학시험의 출제내용에 기초하여 작성하였고 각 과목마다 과거에 출제된 문제에 매우 가까운 내용으로 구성되어 있습니다. 난이도나 출제범위의 경향도 확실히 파악하고 매년 조금씩 변화해가는 경향에도 대처하고 있습니다. 또한, 해설에서는 문제의 요점을 명확하게 기재하고 있으므로 자신이 부족하다고 느끼는 지식이나 틀리기 쉬운 분야를 파악하기 쉽게 되어 있습니다.

학습에 있어서는 마크시트 출제형식에 익숙해지는 것과 더불어 틀린 문제는 반복해서 풀어보십시오. 단순히 암기하는 것만이 아니라 "왜 이러한 답이 되는가?", 해설을 참고하여 해답의 의미까지 확실하게 이해하는 것이 좋습니다.

이 책을 다루신 여러분이 실제 시험에서 고득점을 달성하여 목표로 하는 대학으로 진학하는 꿈을 실현할 수 있도록 마음 속 깊이 응원하고 있습니다.

2024년 2월

메코시코주쿠

이 책에 대하여

[이 책의 특징]

1. 실제 시험에 입각한 형식

　이 책에 수록되어 있는 10회분의 실전문제는 지금까지 출제된 과거의 수학 시험을 철저하게 연구하여 실제 시험과 같은 형식, 출제범위로 작성하였습니다. 그러한 이유로 이 책에 수록되어 있는 문제의 대응력을 익힘으로써 실제 시험에서도 당황하지 않고 제대로 해답할 수 있는 능력을 익힐 수 있습니다.

2. 엄선된 출제 포인트

　이 책에 수록된 10회분의 실전문제, 총 100개의 문제는 과거 수학과목 코스1과 코스2의 시험 경향을 기초로 분야마다 문제 수나 출제 포인트가 설정되어 있습니다. 미분, 적분과 경우의 수, 확률과 같은 매우 빈번한 출제 포인트는 물론이고 이후 수년간 출제가 예상되는 출제범위에 포함된 문제와 매년 계속 등장하는 새로운 형식과 항목의 문제까지 일본유학시험 수학과목의 출제형식에 맞춘 형태로 수록하고 있습니다. 이 책에 수록된 문제를 푸는 것을 통해 좋은 결과를 얻을 수 있게 되기를 바랍니다.

3. 풍부한 복습 포인트

　이 책의 문제를 해답한 후에는 책의 끝부분에 있는 해답·해설을 활용해 봅시다. 자신이 풀지 못했던 문제뿐만이 아니라, 풀 수 있었던 문제도 관련항목과 주의해야할 포인트가 모든 문제에 대해 기재되어 있으므로 그것을 바탕으로 더욱 지식을 쌓을 수가 있고 폭 넓은 출제 포인트에 대비할 수 있습니다.

[이 책의 사용법]

　수학에서 지정되고 있는 출제 범위의 학습이 끝났다면 우선은 실제 시험과 완전히 같은 제한시간으로 이 책의 실전문제를 풀어봅시다. 각 회의 실전문제의 표지 오른쪽 아래에 있는 QR코드로 Web페이지에 접속하면 해답용지가 표시됩니다.

　문제를 다 풀었다면 정답과 더불어 득점과 득점분포를 확인해 봅시다. 자신의 득점을 다른 수험생의 득점과 비교하는 것이 가능합니다. 자신의 학습 진척상황을 인식하기 위해 활용해 주십시오. 또한, 득점분포에 관해서는 일본유학시험과 마찬가지로 항목반응 이론을 사용한 득점등화를 실시하고 있으므로 실제 시험에 가까운 결과를 얻을 수 있습니다. 책의 끝부분에 있는 실제 시험과 같은 형식의 마크시트 해답용지가 있으므로 이용해 보십시오.

　득점을 확인했다면 자신의 득점에 일희일비하지 마시고 Web에서나 책의 끝부분에 있는 해답·해설을 이용하여 해답할 수 없었던 문제는 어째서 해답할 수 없었는지, 해답할 때 어떤 지식이 필요했는지를 확인해 보십시오. 추가로 정답인 부분에 대해서도 해답·해설에 관련된 항목 등이 기재되어 있으므로 자신의 지식을 쌓기 위해 확실하게 복습합시다. 그리고 여러 번 문제를 푸는 과정에서 자신의 강점인 분야, 약점인 분야를 파악하여 학습시간 배분을 정하는 것에 도움이 될 것입니다.

　이 책은 단순히 실전문제를 해답하고 끝나는 것이 아닙니다. 그 결과를 돌아보고 더 나아가서 지식을 쌓음으로써 진정한 가치를 얻을 수 있습니다.

　이 책의 문제를 여러 번 풀어 수학에 대한 대책에 만전을 기하신다면 여러분은 실제 시험에서도 반드시 좋은 결과를 낼 수 있을 것입니다!

　그럼, 힘내봅시다!

득점분포의 확인

● **STEP 1**

먼저 각 회의 실전문제 표지 오른쪽 아래에 있는 QR코드를 스마트폰으로 읽어냅니다.

● **STEP 2**

읽히게 되면 해답용지가 표시됩니다. 정답이라고 생각하는 번호를 클릭하여 진행해봅시다. 마지막까지 다 풀었다면 화면 아래에 있는 「제출과 정답표」 버튼을 누릅니다.

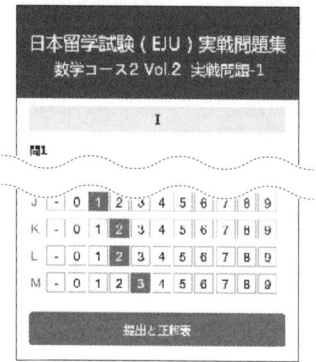

● **STEP 3**

정답표가 표시됩니다. 틀린 문제는 정답번호가 빨갛게 표시되므로 확실히 복습합시다. 「해설」 버튼을 누르면 해설을 확인할 수 있습니다. 또한, 화면 아래쪽의 「득점분포를 본다」라는 버튼을 누르면 자신의 득점과 전체 수험자 중에서 자신의 위치를 확인할 수 있습니다.

※ 확인하기 위해서는 등록과 로그인이 필요합니다. (→조작방법은 STEP4에서 확인하실 수 있습니다.)

● **STEP 4**

「득점분포를 본다」라는 버튼을 누르면 등록화면이 표시됩니다. 필수항목을 모두 기입하고 「등록」 버튼을 눌러주십시오.

● **STEP 5**

자신의 득점 및 득점분포가 표시됩니다.

※ 실전문제는 몇 번이든지 수험할 수 있습니다만 득점과 득점분포의 산출은 1인당 1회만 가능합니다.

※ 일본유학시험과 거의 동일하게 항목반응이론에 의한 득점등화를 실시하고 있습니다.

※ 수험자수가 증가함에 따라서 득점기준이 변화하는 점을 양해바랍니다.

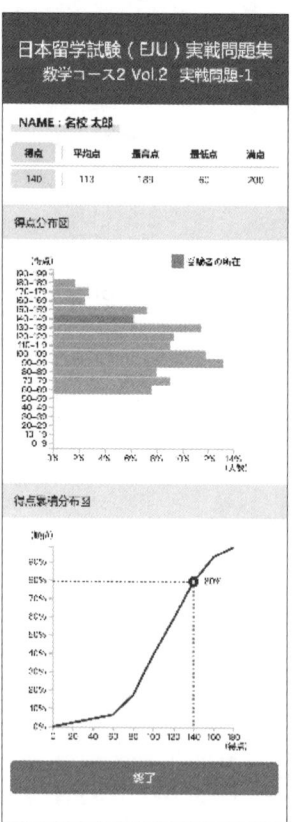

일본유학시험(EJU) 실전문제집
수학 코스2 Vol.2

CONTENTS

003　머리말
004　이 책에 대하여
006　득점분포 확인

009　제 1 회　　실전문제
023　제 2 회　　실전문제
037　제 3 회　　실전문제
051　제 4 회　　실전문제
065　제 5 회　　실전문제
079　제 6 회　　실전문제
093　제 7 회　　실전문제
107　제 8 회　　실전문제
121　제 9 회　　실전문제
135　제10회　　실전문제

149　해답용지
153　정답표

第1回

実戦問題
解答時間 80分

正解と得点分布図確認

QRコードを読み取ってオンライン解答用紙に解答を記入し、正解と得点分布を確認してください。

第1回　実戦問題

問1　a を実数とする。このとき2次関数 $y=\dfrac{1}{2}x^2+x+\dfrac{1}{2}$ のグラフを，x 軸方向に a，y 軸方向に $-2a^2$ だけ平行移動して得られたグラフを C とする。C の方程式は

$$y=\dfrac{1}{2}(x+a+\boxed{A})(x-\boxed{B}a+\boxed{C})$$

と表せる。

(1)　C が x 軸と相異なる2点で交わるような a の値の範囲は

$$a<\boxed{D},\ \boxed{D}<a$$

である。

(2)　C が $-2\leqq x\leqq 3$ の範囲で，x 軸と相異なる2点で交わるような a の値の範囲は

$$-\dfrac{\boxed{E}}{\boxed{F}}\leqq a<\boxed{D},\ \boxed{D}<a\leqq \boxed{G}$$

である。

(3)　a が実数全体を動く場合，C と y 軸の交点が最大値を取る時，$a=\dfrac{\boxed{HI}}{\boxed{J}}$ である。

注）実数：Real Number，2次関数：Quadratic Function

- 計算欄 (memo) -

第1回 実戦問題

問2 0と書かれたカードが1枚，1と書かれたカードが2枚，2と書かれたカードが2枚，3と書かれたカードが2枚，計7枚のカードがある。次の問いに答えよ。

(1) 7枚のカードをすべて並べて7桁の数を作るとき，その総数は **KLM** 通りあり，また，その中で偶数は **NOP** 通りある。

(2) この7枚のカードを箱の中に入れ，箱の中を見ずに2枚のカードを同時に取り出すとき，

ⅰ) 2枚のカードに書かれている数が同じである確率は，

である。

ⅱ) 2枚のカードに書かれている数の和が4となる確率は，

である。

ⅲ) 2枚のカードに書かれている数の和が3以下となる確率は，

である。

注）偶数：Even Number，確率：Probability

− 計算欄 (memo) −

I の問題はこれで終わりです。I の解答欄 Z はマークしないでください。

第1回　実戦問題

II

問1 次の文中の C , E , H , J , M , N には，下の選択肢 ⓪〜⑨の中から適するものを選び，他の □ には適する数を入れなさい。

座標空間の4点 $A(1,-\sqrt{3}, 0), B(0,0,1), C(-\sqrt{3},-1,-2), D(\sqrt{3}, 1,-2)$ に対し，
$$\vec{p}=(1-t)\overrightarrow{OA}+t\overrightarrow{OB}, \quad \vec{q}=(1-s)\overrightarrow{OC}+s\overrightarrow{OD}$$
とおく。ただしOは原点，s と t は実数とする。

(1) $|\overrightarrow{OA}|=\boxed{A}$, $\overrightarrow{OA}\cdot\overrightarrow{OB}=\boxed{B}$ であるから，
$$|\vec{p}|=\sqrt{\boxed{C}}$$
同様に，
$$|\vec{q}|=\boxed{D}\sqrt{\boxed{E}}, \quad \vec{p}\cdot\vec{q}=-\boxed{F}t$$
である。

(2) $t=4-2\sqrt{3}$ および $\vec{p}$ と $\vec{q}$ のなす角が $\dfrac{2}{3}\pi$ のとき，
$$\sqrt{\boxed{E}}=\boxed{G}$$
により，
$$s=\boxed{H}$$
である。

(3) s と t が実数を動くとき，
$$|\vec{p}-\vec{q}|^2=|\vec{p}|^2-2\vec{p}\cdot\vec{q}+|\vec{q}|^2$$
$$=\boxed{I}(t-\boxed{J})^2+\boxed{KL}(s-\boxed{M})^2+\boxed{N}$$

であるから，$t=\boxed{J}$, $s=\boxed{M}$ のとき，$|\vec{p}-\vec{q}|$ の最小値をとる。

⓪ $\dfrac{1}{4}$　　① $\dfrac{1}{2}$　　② $\dfrac{1}{5}$　　③ $\dfrac{2}{5}$　　④ $\dfrac{16}{5}$　　⑤ $\dfrac{36}{5}$

⑥ $4t^2-5t+8$　　⑦ $5t^2-8t+4$　　⑧ $2s^2-2s+1$　　⑨ $4s^2-4s+2$

- 計算欄 (memo) -

第1回　実戦問題

問2　複素数の偏角 θ は $0 \leqq \theta < 2\pi$ で考え，i を虚数単位とする。2つの複素数 α, β はそれぞれ

$$\alpha^3 = \frac{\sqrt{3}}{2} + \frac{1}{2}i, \quad \beta^3 = \frac{\sqrt{2}}{2} + \frac{\sqrt{2}}{2}i \quad \left(0 \leqq \arg\alpha < \frac{\pi}{2},\ 0 \leqq \arg\beta < \frac{\pi}{2}\right)$$

を満たしている。このとき，

$$\arg(\alpha^3\beta^3) = \frac{\boxed{\text{O}}}{\boxed{\text{PQ}}}\pi,\quad \arg\left(\frac{\beta^3}{\alpha^3}\right) = \frac{\boxed{\text{R}}}{\boxed{\text{ST}}}\pi$$

である。$z = \dfrac{\beta}{\alpha}$ とおくと，

$$1 + z + z^2 + \cdots + z^{n-1} = 0$$

を満たす最小の自然数 n の値は

$$n = \boxed{\text{UV}}$$

であり，

$$2z^{48} + \frac{1}{2z^{48}} = -\frac{\boxed{\text{W}} + \boxed{\text{X}}\sqrt{\boxed{\text{Y}}}\,i}{\boxed{\text{Z}}}$$

である。

注）複素数：Complex Number，　虚数単位：Imaginary Unit，　自然数：Natural Number

― 計算欄（memo）―

Ⅱ の問題はこれで終わりです。

第1回 実戦問題

III

次の文中の　D　には，適する数を入れなさい。それ以外の　□　には，下の選択肢⓪〜⑨の中から適するものを選びなさい。

関数 $f(x)=1+\cos x+x\sin x$ $(0\leqq x\leqq 2\pi)$ を考える。

(1) $f(x)$ の最大値と最小値を求めよう。
　$f(x)$ を微分して，
$$f'(x)=\boxed{A}$$
が得られる。
　よって，$f(x)$ の最大値は $\boxed{B}$，最小値は $\boxed{C}$ である。

(2) 関数 $f(x)$ の不定積分は
$$\int f(x)dx = x+\boxed{D}\sin x - \boxed{E} + C \quad (C は積分定数)$$
である。

(3) 定積分 $\displaystyle\int_0^{\frac{3}{2}\pi} |f(x)|dx$ の値を求めよう。

(1)(2)より
$$\int_0^{\frac{3}{2}\pi}|f(x)|dx = \int_0^{\boxed{F}} f(x)dx - \int_{\boxed{F}}^{\frac{3}{2}\pi} f(x)dx = \boxed{G}$$

である。

⓪　$\dfrac{\pi}{2}$　　　①　π　　　②　$1-\dfrac{\pi}{2}$　　　③　$1+\dfrac{\pi}{2}$

④　$1-\dfrac{3}{2}\pi$　　　⑤　$1+\dfrac{3}{2}\pi$　　　⑥　$1+\dfrac{5}{2}\pi$　　　⑦　$2+\dfrac{5}{2}\pi$

⑧　$x\cos x$　　　⑨　$x\sin x$

― 計算欄 (memo) ―

Ⅲ の問題はこれで終わりです。Ⅲ の解答欄 H ～ Z はマークしないでください。

$n = 0, 1, 2, \cdots$ に対して，関数 $f(x)$ を

$$f_0(x) = 1, \quad f_{n+1}(x) = x - \sin x \int_0^{\frac{\pi}{2}} f_n(t) \cos t\, dt \quad \left(0 \leq x \leq \frac{\pi}{2}\right)$$

によって定める．このとき，

$$a_{n+1} = \int_0^{\frac{\pi}{2}} f_n(t) \cos t\, dt$$

とおくと，

$$a_1 = \boxed{A}$$

$$a_{n+1} = \frac{\pi}{\boxed{B}} - \boxed{C} - \frac{\boxed{D}}{\boxed{E}} a_n$$

となる．したがって，

$$a_n = \frac{\pi - \boxed{F}}{\boxed{G}} + \frac{\boxed{H} - \pi}{\boxed{I}} \left(-\frac{\boxed{J}}{\boxed{K}}\right)^{n-1}$$

であり，任意の x に対して，

$$\lim_{n \to \infty} f_n(x) = x - \frac{\pi - \boxed{L}}{\boxed{M}} \sin x$$

となる．

− 計算欄 (memo) −

IVの問題はこれで終わりです。IVの解答欄 N ～ Z はマークしないでください。
コース2の問題はこれですべて終わりです。解答用紙の V はマークしないでください。
解答用紙の解答コース欄に「コース2」が正しくマークしてあるか，
もう一度確かめてください。

この問題冊子を持ち帰ることはできません。

第 2 回

実戦問題

解答時間 80 分

正解と得点分布図確認

QRコードを読み取ってオンライン解答用紙に解答を記入し、正解と得点分布を確認してください。

I

問1　a を実数とする 2 次関数 $y = 2x^2 - 4ax + 3a^2 - 6a + 3$ のグラフの頂点は

$$(a,\ a^2 - \boxed{A}\,a + \boxed{B}\,)$$

である。このとき以下の問いに答えよ。

(1)　a が実数全体を動くとき，頂点の y 座標の最小値は $\boxed{CD}$ である。

(2)　x に関する 2 次方程式 $f(x) = 0$ が実数解を持つような a の値の範囲は

$$\boxed{E} - \sqrt{\boxed{F}} \leqq a \leqq \boxed{G} + \sqrt{\boxed{H}}$$

である。

(3)　$y = f(x)$ のグラフを x 軸方向に a，y 軸方向に $1 + 4a$ だけ平行移動した 2 次関数を $y = g(x)$ とする。a がどのような値をとっても $y = g(x)$ のグラフの頂点はつねに 2 次関数

$$y = \dfrac{\boxed{I}}{\boxed{J}} x^2 - x + \boxed{K}$$

のグラフの上にある。

注）実数：Real Number，2 次関数：Quadratic Function

- 計算欄 (memo) -

問2 A，B，Cの3人が，最初Aは赤いカード，B，Cは白いカードをもって並んでいる。サイコロを投げて，出た目が偶数であるとき，AとBはカードを交換する。出た目が奇数であるとき，BとCはカードを交換するという試行を繰り返す。

(1) サイコロを2回投げるとき，A，B，Cが赤いカードを持っている確率は，それぞれ

である。

(2) サイコロを3回投げるとき，A，Bが赤いカードを持っている確率は，それぞれ

である。

(3) サイコロを4回投げるとき，Aが赤いカードを持っている確率は，

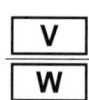

である。

注）サイコロ：Dice，偶数：Even Number，奇数：Odd Number，確率：Probability

− 計算欄 (memo) −

Ⅰ の問題はこれで終わりです。Ⅰ の解答欄 X ～ Z はマークしないでください。

II

問1 四面体 PABC があり，次の条件が満たされているものとする。

$$\vec{PA} \cdot \vec{PB} = 1, \quad \vec{PB} \cdot \vec{PC} = 1, \quad \vec{PC} \cdot \vec{PA} = 0,$$

$$|\vec{PA}| = 2, \quad |\vec{PB}| = \sqrt{3}, \quad |\vec{PC}| = 2$$

(1) 点 B を通り，平面 PAC に垂直な直線と平面 PAC の交点を H とする。このとき，

$$\vec{PH} = \frac{\boxed{A}}{\boxed{B}} \vec{PA} + \frac{\boxed{C}}{\boxed{D}} \vec{PC},$$

$$|\vec{BH}| = \frac{\sqrt{\boxed{EF}}}{\boxed{G}}$$

である。

(2) 四面体 PABC の体積は $\dfrac{\sqrt{\boxed{HI}}}{\boxed{J}}$ である。

(3) 辺 PA 上に点 M，BC 上に点 N があり，$\vec{MN}$ は $\vec{PA}$ および $\vec{BC}$ と直交しているとする。このとき，$0 \leqq s \leqq 1$, $0 \leqq t \leqq 1$ を満たす実数 s, t を用いて

$$\vec{PM} = s\vec{PA}, \quad \vec{PN} = (1-t)\vec{PB} + t\vec{PC}$$

とおく。このとき，$\vec{MN} \perp \vec{PA}$, $\vec{MN} \perp \vec{BC}$ より，

$$s = \frac{\boxed{K}}{\boxed{LM}}$$

したがって，

$$\vec{PM} = \frac{\boxed{K}}{\boxed{LM}} \vec{PA}$$

である。

注) 四面体：Tetrahedron，直交：Orthogonal

- 計算欄 (memo) -

問2 数列$\{a_n\}$は初項が$a_1=-\dfrac{12}{5}$で，

$$a_{n+1}-2a_n=3(a_n+2^n)(a_{n+1}+2^{n+1}),\ n=1,2,3\cdots$$

を満たしているとする。
$b_n=a_n+2^n$とおくと，

$$b_{n+1}-\boxed{\text{N}}b_n=3b_nb_{n+1}$$

である。これより$b_n\neq 0$ならば$b_{n+1}\neq 0$であることが分かり，

$$b_1=-\dfrac{\boxed{\text{O}}}{\boxed{\text{P}}}$$

なので，数学的帰納法によりすべてのnで$b_n\neq 0$であることが分かる。

なので，$c_n=\dfrac{1}{b_n}$とおいて，c_nを求めると，

$$c_n=\left(\dfrac{\boxed{\text{Q}}}{\boxed{\text{R}}}\right)^n-\boxed{\text{S}}$$

である。したがって，

$$a_n=\dfrac{\boxed{\text{T}}\cdot\boxed{\text{U}}^n}{1-\boxed{\text{V}}\cdot\boxed{\text{W}}^n}$$

となる。数列$\left\{\dfrac{a_{n+1}-a_n}{r^n}\right\}$が$n\to\infty$のときに$0$でない実数に収束するような正の数

$$r=\boxed{\text{X}}$$

であり，そのときの極限値は

$$\lim_{n\to\infty}\dfrac{a_{n+1}-a_n}{r^n}=\boxed{\text{YZ}}$$

である。

注）数列：Number Sequence

− 計算欄(memo) −

Ⅱ の問題はこれで終わりです。

第2回　実戦問題

III

次の文中の B , D , F , I , K , L , M には，下の選択肢⓪〜⑨の中から適するものを選び，それ以外の □ には，適する数を入れなさい。

座標平面内の2つの曲線 $C_1: f(x) = \log(3x)$，$C_2: g(x) = 3\log x$ の共通接線を l とする。

(1) 直線 l の方程式を求めよ。
$$f'(x) = \frac{\boxed{A}}{\boxed{B}}, \quad g'(x) = \frac{\boxed{C}}{\boxed{D}}$$

接点 $A(a, \log(3a))$，$B(b, 3\log b)$ とする。
C_1 上の点 A における C_1 の接線の方程式は，
$$y = \frac{\boxed{E}}{\boxed{F}} x - \boxed{G} + \log(3a) \quad \cdots\cdots \quad ①\quad である。$$

C_2 上の点 B における C_2 の接線の方程式は，
$$y = \frac{\boxed{H}}{\boxed{I}} x - \boxed{J} + 3\log b \quad \cdots\cdots \quad ②\quad である。$$

①，②は同一直線であることから，
$$a = \boxed{K}, \quad b = \boxed{L}$$

このとき，直線 l の方程式は $y = \boxed{M} x$ である。

(2) C_1，C_2 および l で囲まれる領域の面積 S を求めよ。
C_1 と C_2 の交点 x 座標は $\sqrt{\boxed{N}}$ であるから，
$$S = \int_{\boxed{K}}^{\sqrt{\boxed{N}}} \{\boxed{M} x - \log(3x)\} dx + \int_{\sqrt{\boxed{N}}}^{\boxed{L}} \{\boxed{M} x - 3\log x\} dx = \frac{\boxed{O}}{\boxed{P}} e - \boxed{Q}\sqrt{\boxed{R}}$$
である。

⓪ x 　　① $3x$ 　　② a 　　③ $3a$ 　　④ b
⑤ $3b$ 　　⑥ $\dfrac{e}{3}$ 　　⑦ e 　　⑧ $\dfrac{1}{e}$ 　　⑨ $\dfrac{3}{e}$

注) 接線：Tangent

- 計算欄 (memo) -

III の問題はこれで終わりです。III の解答欄 S ～ Z はマークしないでください。

IV

e を自然対数の底とする。$y=e^{-x}$ で表される曲線を C とし，原点から C へ引いた接線を l とする。曲線 C，直線 l および y 軸で囲まれた図形を M とする。

(1) C と l の接点の x 座標は $-\boxed{A}$ である。

(2) M の面積は $\dfrac{\boxed{B}}{\boxed{C}}e-\boxed{D}$ である。

(3) M を x 軸のまわりに１回転してできる回転体の体積は

$$\dfrac{e^2-\boxed{E}}{\boxed{F}}\pi$$

である。

(4) M を y 軸のまわりに１回転してできる回転体の体積は

$$\left(\boxed{G}-\dfrac{\boxed{H}}{\boxed{I}}e\right)\pi$$

である。

- 計算欄 (memo) -

IV の問題はこれで終わりです。IV の解答欄 J ～ Z はマークしないでください。
コース 2 の問題はこれですべて終わりです。解答用紙の V はマークしないでください。
解答用紙の解答コース欄に「コース 2」が正しくマークしてあるか，
もう一度確かめてください。

この問題冊子を持ち帰ることはできません。

第 **3** 回

実戦問題
解答時間 80 分

正解と得点分布図確認

QRコードを読み取ってオンライン解答用紙に解答を記入し、正解と得点分布を確認してください。

問1　a を実数とし，x の2次関数 $f(x)=x^2-2ax+2a+3$ のグラフを F とする。

(1) グラフ F の頂点の座標を a を用いて表すと
$$(a,\ -a^2+\boxed{A}\,a+\boxed{B})$$
である。

(2) グラフ F が x 軸と接するとき，
a の値は $\boxed{CD}$ または $\boxed{E}$ である。

(3) 方程式 $f(x)=0$ が，ともに 2 以下となる異なる 2 つの解をもつような a の値の範囲は
$$a<\boxed{FG}$$
である。

注）実数：Real Number，2次関数：Quadratic Function

- 計算欄 (memo) -

問2　1つの袋の中に白玉，青玉，赤玉が合わせて 28 個入っている。この袋の中から 2 個の玉を同時に取り出すとき，白玉 1 個と青玉 1 個が取り出される確率は $\dfrac{8}{63}$ であり，青玉 1 個と赤玉 1 個が取り出される確率も $\dfrac{8}{63}$ である。

ただし，各色の玉は 3 個以上である。

(1) この袋の中に入っている白玉，青玉，赤玉の個数は，それぞれ

$$\boxed{HI}\ ,\ \boxed{J}\ ,\ \boxed{KL}$$

である。

(2) この袋から同時に 3 個の玉を取り出すとき，すべての色の玉が含まれる確率は

である。

(3) この袋から同時に 4 個の玉を取り出す。取り出した玉がすべての色の玉を含んでいたとき，その中に青玉が 2 個入っている確率は

である。

注）確率：Probability

― 計算欄 (memo) ―

Ⅰ の問題はこれで終わりです。Ⅰ の解答欄 T ～ Z はマークしないでください。

第3回 実戦問題

$f(x)=|x^2-4|\,(x>0)$ とおく，座標平面において，$y=f(x)$ のグラフを考える。数列 $\{a_n\}$ を $a_1=1$ とし，$n\geq 2$ のときには，直線 $y=a_{n-1}x$ と曲線 $y=f(x)$ の2つの交点の中点をとり，その x 座標を a_n として定める。

条件より，数列 $\{a_n\}$ は

$$a_n{}^2 = \frac{\boxed{A}}{\boxed{B}}\,a_{n-1}{}^2 + \boxed{C}$$

を満たす。この漸化式は

$$a_n{}^2 - \frac{\boxed{DE}}{\boxed{F}} = \frac{\boxed{G}}{\boxed{H}}\left(a_{n-1}{}^2 - \frac{\boxed{DE}}{\boxed{F}}\right)$$

と変形できる。ここで，数列 $\{b_n\}$ を

$$b_n = a_n{}^2 - \frac{\boxed{DE}}{\boxed{F}},\ (n=1,2,3)$$

と定めると，$\{b_n\}$ は初項 $-\dfrac{\boxed{IJ}}{\boxed{K}}$，公比 $\dfrac{\boxed{L}}{\boxed{M}}$ の等比数列である。

よって，

$$a_n = \frac{\sqrt{\boxed{N}}}{\boxed{O}} \cdot \sqrt{\boxed{PQ} - \boxed{RS}\cdot\left(\frac{\boxed{T}}{\boxed{U}}\right)^{n-1}}$$

である。したがって，

$$\lim_{n\to\infty} a_n = \frac{\boxed{V}\sqrt{\boxed{W}}}{\boxed{X}}$$

である。

注）数列：Number Sequence，漸化式：Recurrence Formula，等比数列：Geometric Progression

- 計算欄 (memo) -

Ⅱ の問題はこれで終わりです。Ⅱ の解答欄 Y ～ Z はマークしないでください。

第3回　実戦問題

複素数平面上で $\alpha = 3+i$, $\beta = 5+3i$ を表す点をそれぞれ A, B とおく，i を虚数単位とする。

(1) 点 A を中心として，点 B を反時計回りに $\dfrac{\pi}{6}$ だけ回転すると，

$$r = \boxed{A} + \sqrt{\boxed{B}} + (\boxed{C} + \sqrt{\boxed{D}})i$$

になる。

(2) 点

$$z = \boxed{E} + \dfrac{\sqrt{\boxed{F}}}{\boxed{G}} + \left(\boxed{H} - \dfrac{\sqrt{\boxed{I}}}{\boxed{J}}\right)i$$

を中心として，点 B を反時計回りに $\dfrac{2\pi}{3}$ だけ回転すると，点 A に重なる。

(3) 複素数 r, z を表す点をそれぞれ C, D とおく，三角形 BCD の面積 S は

$$s = \dfrac{\boxed{K}\sqrt{\boxed{L}}}{\boxed{M}}$$

である。

注）複素数：Complex Number，虚数単位：Imaginary Unit

− 計算欄 (memo) −

Ⅲ の問題はこれで終わりです。Ⅲ の解答欄 N ～ Z はマークしないでください。

IV

問1 次の文中の A ～ I には，下の選択肢⓪～⑨の中から適するものを選びなさい．

a を実数として，
$$f(x)=\frac{x+a}{x^2+5}$$
とおく．$f(x)$ は $x=-5$ で極値をとるとする．

(1) a の値は **A** である．

(2) $f(x)$ の最大値は **B** であり，そのときの x の値は **C** である．

(3) k は実数として，$x+a=k(x^2+5)$ を満たす x の個数を N とする．
このとき，$y=f(x)$ のグラフを用いて N を求めると次のようになる．

$$k< \boxed{D},\ \boxed{E} <k \text{ ならば，} N=\boxed{F}$$

$$k=\boxed{D},\ \boxed{E},\ \boxed{G}\text{ ならば，} N=\boxed{H}$$

$$\boxed{D}<k<\boxed{G},\ \boxed{G}<k<\boxed{E}\text{ ならば，} N=\boxed{I}$$

⓪ 0　　① 1　　② 2　　③ 3　　④ $-\dfrac{1}{10}$

⑤ $-\dfrac{1}{5}$　　⑥ $-\dfrac{1}{2}$　　⑦ $\dfrac{1}{10}$　　⑧ $\dfrac{1}{5}$　　⑨ $\dfrac{1}{2}$

- 計算欄 (memo) -

問 2　平面上で，2 曲線

$$y = e^x, \quad y = 2e^{-x}+1$$

と y 軸とで囲まれた図形を D とする。

(1)　D の面積は $\log \boxed{\text{J}\,2}$ である。

(2)　D を x 軸のまわりに 1 回転してできる立体の体積は

$$(\boxed{\text{K}\,2} + \log \boxed{\text{L}\,2})\pi$$

である。

(3)　D を y 軸のまわりに 1 回転してできる立体の体積は

$$\{(\log \boxed{\text{M}\,2})^{\boxed{\text{N}\,2}} - \boxed{\text{O}\,6}\log \boxed{\text{M}\,2} + \boxed{\text{P}\,4}\}\pi$$

である。

- 計算欄(memo) -

| IVの問題はこれで終わりです。IVの解答欄 Q ～ Z はマークしないでください。 |
| コース2の問題はこれですべて終わりです。解答用紙の V はマークしないでください。 |
| 解答用紙の解答コース欄に「コース2」が正しくマークしてあるか, |
| もう一度確かめてください。 |

| この問題冊子を持ち帰ることはできません。 |

第4回

実戦問題
解答時間 80分

正解と得点分布図確認

QRコードを読み取ってオンライン解答用紙に解答を記入し、正解と得点分布を確認してください。

第4回　実戦問題

I

問1　a と b は4以下の自然数とし，放物線 C：$y = 2x^2 + 2bx + a$ について考えよ。

(1) 放物線 C のグラフの頂点の座標は
$$\left(-\frac{b}{\boxed{A}},\ -\frac{b^2}{\boxed{B}} + a\right)$$
である。

(2) 放物線 C が x 軸と相異なる2点で交わるような (a, b) の組は
$$\boxed{C}$$
通りある。

(3) 放物線 C が x 軸と相異なる2点で交わり，それらの x 座標がともに整数であるような (a, b) の組は
$$\boxed{D}$$
通りある。

(4) k は自然数であり，直線は $y = 2kx + 1$ 放物線 C と接している。
　このとき，k の値が最も大きくなるのは，
$$(a, b) = (\boxed{E},\ \boxed{F})$$
である。また，そのときの k の値は
$$\boxed{G}$$
である。
　k の値が最も小さくなるのは，
$$(a, b) = (\boxed{H},\ \boxed{I}),\ (\boxed{J},\ \boxed{K})$$
である。ただし，$\boxed{H} < \boxed{J}$。また，そのときの k の値は
$$\boxed{L}$$
である。

注）自然数：Natural Number，放物線：Parabola

－ 計算欄 (memo) －

第4回　実戦問題

問2 箱の中に赤玉2個と白玉3個が入っている。この箱から玉を1個取り出し，玉の色を見た上で箱に戻すという試行を n 回繰り返す。赤玉が連続して m 回以上出た確率を $P(n, m)$ とする。ただし，$n \geq m \geq 2$ とする。

(1) この試行を 2，3，4 回繰り返す。それぞれ

$$P(2,2)=\frac{\boxed{M}}{5^2},\ P(3,2)=\frac{\boxed{NO}}{5^3},\ P(4,2)=\frac{\boxed{PQ}}{5^3}$$

となる。

(2) この試行を m，$m+1$，$m+2$ 回繰り返す。それぞれ

$$P(m,m)=\frac{\boxed{R}^m}{5^m},\ P(m+1,m)=\frac{\boxed{S}^{m+\boxed{T}}}{5^{m+1}},\ P(m+2,m)=\frac{\boxed{UV}\cdot\boxed{W}^m}{5^{m+1}}$$

となる。

注）確率：Probability

― 計算欄 (memo) ―

Ⅰ の問題はこれで終わりです。Ⅰ の解答欄 X ～ Z はマークしないでください。

II

問1 座標空間に点 $A(-1, 1, 2)$, $B(4, 1, 2)$, $C(2, 0, -1)$, $D(2, 3, 3)$ があり，点 M, N がそれぞれ一定の速度で直線 AB, CD 上を動いている。M, N は時刻 $t = 0$ でそれぞれ A, C にあり，時刻 $t = 5$ ではそれぞれ B, D にあるとする。

(1) 時刻 t において，
$$\overrightarrow{OM} = (t - \boxed{A}, 1, 2),$$
$$\overrightarrow{ON} = \left(2, \frac{\boxed{B}}{\boxed{C}}t, \frac{\boxed{D}}{\boxed{E}}t - \boxed{F}\right)$$
である。

(2) $t = \boxed{G}$ のとき，MN は最小値 $\boxed{H}$ をとる。
このとき，$\triangle ABN$ の面積は $\dfrac{\boxed{I}}{\boxed{J}}$ である。

(3) 3点 $P(-1, 0, -1)$, M, N を頂点とする三角形の面積は，$t = \dfrac{\sqrt{\boxed{KL}}}{\boxed{M}}$ のとき，最小値 $\dfrac{\sqrt{\boxed{NO}}}{\boxed{P}}$ をとる。

- 計算欄(memo) -

問 2　$x,\ y$ に関する方程式が

$$x^2+y^2-6x-4y+8=0$$

である曲線を C とする。

(1)　C は

中心が $(\boxed{Q},\ \boxed{R})$，半径が $\sqrt{\boxed{S}}$

の円である。

(2)　この円と直線 $y=k(x+1)-1$ が接するのは

$$k=\dfrac{\boxed{T}}{\boxed{UV}}\ \text{または}\ \boxed{W}$$

のときであり，これらの直線と円の接点をそれぞれ $A,\ B$ とすると直線 AB の傾きは

$$-\dfrac{\boxed{X}}{\boxed{Y}}$$

である。また，線分 AB の長さは

$$\boxed{Z}$$

である。

- 計算欄（memo） -

Ⅱ の問題はこれで終わりです。

$0 \leqq \theta \leqq \pi$ のとき，関数

$$y = 2\sin^3\theta + 2\cos^3\theta - 3\sin 2\theta$$

の最大値と最小値を求めよう。

(1) $t = \sin\theta + \cos\theta$ とおくと

$$t = \sqrt{\boxed{A}}\sin\left(\theta + \frac{\pi}{\boxed{B}}\right)$$

と変形できるので t のとり得る範囲は

$$-\boxed{C} \leqq t \leqq \sqrt{\boxed{D}}$$

となる。

(2) 次に y を変形して t で表すと

$$y = \boxed{E}t^3 - \boxed{F}t^2 + \boxed{G}t + \boxed{H}$$

となる。これを微分して

$$\frac{dy}{dt} = \boxed{IJ}(t^2 + \boxed{K}t - \boxed{L})$$

となる。

　これらのことより，y の最大値は $\boxed{M}\sqrt{\boxed{N}} - \boxed{O}$，最小値は $\boxed{PQ}$ である。

- 計算欄 (memo) -

Ⅲ の問題はこれで終わりです。Ⅲ の解答欄 R ～ Z はマークしないでください。

Ⅳ

関数
$$f(x)=\frac{1}{(x^2+2)^n}$$
に対して，
$$I_n=\int_0^{\sqrt{2}}\frac{1}{(x^2+2)^n}dx$$
とおく，I_3 の値を求めよう．ただし，n は自然数である．

(1) $f(x)$ の導関数は
$$f'(x)=-\frac{\boxed{A}nx}{(x^2+2)^{n+\boxed{B}}}$$
である．

(2) 一般に，自然数 n に対して，
$$I_n=\int_0^{\sqrt{2}}x'\cdot\frac{1}{(x^2+2)^n}dx$$
$$=\left[\frac{x}{(x^2+2)^n}\right]_0^{\sqrt{2}}-\int_0^{\sqrt{2}}x\left\{-\frac{\boxed{A}nx}{(x^2+2)^{n+\boxed{B}}}\right\}dx$$
により，
$$I_{n+1}=\frac{1}{\boxed{C}n}\left\{(\boxed{D}n-\boxed{E})I_n+\frac{\sqrt{\boxed{F}}}{\boxed{G}^n}\right\}$$
である．

(3) $n=1$ のとき，$I_1=\displaystyle\int_0^{\sqrt{2}}\frac{1}{x^2+2}dx=\frac{\sqrt{\boxed{H}}}{\boxed{I}}\pi$ であるから，
$$I_3=\frac{\boxed{J}\sqrt{\boxed{K}}}{\boxed{LMN}}\pi+\frac{\sqrt{\boxed{O}}}{\boxed{PQ}}$$
である．

注）導関数：Derived Function

- 計算欄 (memo) -

IVの問題はこれで終わりです。IVの解答欄 R ～ Z はマークしないでください。
コース 2 の問題はこれですべて終わりです。解答用紙の V はマークしないでください。
解答用紙の解答コース欄に「コース 2」が正しくマークしてあるか，
もう一度確かめてください。

この問題冊子を持ち帰ることはできません。

第5回

実戦問題
解答時間 80分

正解と得点分布図確認

QRコードを読み取ってオンライン解答用紙に解答を記入し、正解と得点分布を確認してください。

第5回 実戦問題

I

問1　aを実数とする。xの2次関数 $f(x)=\dfrac{1}{2}a^2x^2+(2a-1)x$ について，
2次関数 $y=f(x)$ のグラフの頂点の座標を a を用いて表すと

$$\left(\dfrac{-\boxed{A}a+\boxed{B}}{a^2},\ \dfrac{-\boxed{C}a^2+\boxed{D}a-\boxed{E}}{2a^2}\right)$$

である。

次の文中の $\boxed{F}$ ～ $\boxed{N}$ には，下の⓪～⑨の中から適するものを選びなさい。

(1) すべての実数 x に対して $f(x)>-1$ が成り立つような a の範囲は $\boxed{F}<a<\boxed{G}$ である。

(2) すべての実数 $-1\leqq x\leqq 1$ に対して $f(x)>-1$ が成り立つような a の範囲を求めよ。

$\dfrac{-\boxed{A}a+\boxed{B}}{a^2}$ と -1 の差を計算すると，$\dfrac{-\boxed{A}a+\boxed{B}}{a^2}\boxed{H}-1$

である。

したがって，次の2つの場合に分けて，a の範囲が求められる。

 i) $a\leqq\boxed{I}$ または $a\geqq\boxed{J}$ のとき，$\boxed{K}\leqq a<\boxed{L}$ である。

 ii) $\boxed{I}<a<\boxed{J}$ のとき，$\boxed{M}<a<\boxed{N}$ である。

⓪ $1-\dfrac{\sqrt{2}}{2}$　　① $1+\dfrac{\sqrt{2}}{2}$　　② $\sqrt{2}-1$　　③ $-\sqrt{2}-1$　　④ 0

⑤ -4　　⑥ $<$　　⑦ $\leqq$　　⑧ $>$　　⑨ $\geqq$

注）実数：Real Number，2次関数：Quadratic Function

- 計算欄 (memo) -

問2 箱の中に1から10までの番号が1つずつ書かれた10枚のカードが入っている。

(1) 箱からカードを同時に2枚取り出すとする。取り出した2枚に書かれた番号が続いている確率は

$$\frac{\boxed{O}}{\boxed{P}}$$

である。
ただし，2枚に書かれた番号が続いているというのは，4と5のように，一方の番号が他方の番号より1だけ大きいかあるいは1だけ小さい場合である。

(2) 箱からカードを同時に3枚取り出すとする。取り出したカードのうち少なくとも2枚に書かれた番号が続いている確率は

$$\frac{\boxed{Q}}{\boxed{RS}}$$

である。

(3) 箱からカードを同時に4枚取り出すとする。取り出したカードのうち少なくとも2枚に書かれた番号が続いている確率は

$$\frac{\boxed{T}}{\boxed{U}}$$

である。

注) 確率：Probability

- 計算欄（memo）-

Ⅰ の問題はこれで終わりです。Ⅰ の解答欄 V ～ Z はマークしないでください。

第5回 実戦問題

問1 △ABCの内部の点Pが

$$3\overrightarrow{AP}+2\overrightarrow{BP}+4\overrightarrow{CP}=\vec{0}$$

を満たしているとする。線分APを延長した直線と線分BCとの交点をQ，線分BPを延長した直線と線分ACとの交点をRとおく。

(1) $\overrightarrow{AP}$ を $\overrightarrow{AB}, \overrightarrow{AC}$ を用いて表すと

$$\overrightarrow{AP}=\frac{\boxed{A}}{\boxed{B}}\overrightarrow{AB}+\frac{\boxed{C}}{\boxed{D}}\overrightarrow{AC}$$

である。

(2) k を実数として，$\overrightarrow{AQ}=k\overrightarrow{AP}$ とおくと，

$$\overrightarrow{AQ}=\frac{\boxed{A}}{\boxed{B}}k\overrightarrow{AB}+\frac{\boxed{C}}{\boxed{D}}k\overrightarrow{AC}$$

と表すことができる。さらに，3点 B, Q, C が一直線上にあることから，

$$k=\frac{\boxed{E}}{\boxed{F}}$$

を得る。

よって，点 Q は線分 BC を $\boxed{G}$: $\boxed{H}$ に内分する点である。

(3) △APBの面積をS，四角形CQPRの面積をTとおくと，

$$S:T=\boxed{IJ}:\boxed{KL}$$

である。

注）内分する：Divide Internally

- 計算欄 (memo) -

問2　漸化式

$$a_1=6,\ a_{n+1}=2a_n+4\times 3^n\ (n=1, 2, 3,\cdots)$$

で定まる数列 $\{a_n\}$ の一般項を求めよう。

　数列 $\{b_n\}$ を

$$b_n=\frac{a_n}{\boxed{3}^n}\ (n=1, 2, 3,\cdots)$$

と定めると，数列 $\{b_n\}$ は

$$b_1=\boxed{2},\ b_{n+1}=\frac{\boxed{2}}{\boxed{3}}b_n+\frac{\boxed{4}}{\boxed{3}}$$

を満たす。この漸化式は

$$b_{n+1}-\boxed{4}=\frac{\boxed{2}}{\boxed{3}}\left(b_n-\boxed{4}\right)$$

と変形できる。ここで，数列 $\{c_n\}$ を

$$c_n=b_n-\boxed{4}\ (n=1, 2, 3,\cdots)$$

と定めると，$\{c_n\}$ は初項 $-\boxed{2}$，公比 $\dfrac{\boxed{2}}{\boxed{3}}$ の等比数列である。

　したがって，

$$a_n=\boxed{4}\cdot\boxed{3}^n-\boxed{3}\cdot\boxed{2}^n$$

である。

注）漸化式：Recurrence Formula，　数列：Number Sequence，　等比数列：Geometric Progression

- 計算欄 (memo) -

Ⅱ の問題はこれで終わりです。

III

k を実数として,曲線 $C: y = 2x^3 - 3x$ 上の点 $(t, 2t^3 - 3t)$ における接線を L とする。

(1) 接線 L の方程式は

$$y = (\boxed{A}\, t^2 - 3)x - \boxed{B}\, t^3$$

である。この直線が点 $(2, 2)$ を通るための条件は

$$t^3 - \boxed{C}\, t^2 + \boxed{D} = 0$$

であるから,

$$t = \boxed{E},\ \boxed{F} \pm \sqrt{\boxed{G}}$$

である。

(2) 接線 L が点 $(1, k)$ を通るとき,

$$k = -\boxed{B}\, t^3 + \boxed{A}\, t^2 - 3$$

である。

この等式の右辺を $f(t)$ とおくと,関数 $f(t)$ は極小値を $t = \boxed{H}$ でとる。また,極大値を $t = \boxed{I}$ でとる。

したがって,点 $(1, k)$ から曲線 C に2本の接線が引けるような k の値は

$$k = \boxed{JK},\ \boxed{LM}$$

である。ただし,$\boxed{JK} < \boxed{LM}$ とする。

注) 接線:Tangent

− 計算欄 (memo) −

Ⅲ の問題はこれで終わりです。Ⅲ の解答欄 N 〜 Z はマークしないでください。

IV

区間 $0 \leq x < 2\pi$ で関数 $f(x) = -x + 2\cos x$ を考える。

(1) $f'(x) = -\boxed{A} - \boxed{B}\sin x$ であるから，$f(x)$ は $x = \dfrac{\boxed{C}}{\boxed{D}}\pi$ で最小値 $-\dfrac{\boxed{E}}{\boxed{F}}\pi - \sqrt{\boxed{G}}$ をとる，$x = \boxed{H}$ で最大値 $\boxed{I}$ をとる。

(2) 曲線 $y = f(x)$，y 軸および直線 $y = -\dfrac{\pi}{2}$ で囲まれる図形を D とする。
図形 D の面積 S は
$$S = \boxed{J} + \dfrac{\boxed{K}}{\boxed{L}}\pi^{\boxed{M}}$$
である。

(3) 不定積分
$$\int x^2 \sin x\, dx = \boxed{N} x\sin x + (\boxed{O} - x^{\boxed{P}})\cos x + C \quad (C は積分定数)$$
である。

(4) 図形 D を y 軸のまわりに1回転してできる立体の体積 V は
$$V = \dfrac{\pi}{\boxed{QR}}(\pi^{\boxed{S}} + \boxed{TU}\pi - \boxed{VW})$$
である。

注) 区間：Interval

− 計算欄(memo) −

IVの問題はこれで終わりです。IVの解答欄 X 〜 Z はマークしないでください。
コース2の問題はこれですべて終わりです。解答用紙の V はマークしないでください。
解答用紙の解答コース欄に「コース2」が正しくマークしてあるか，
もう一度確かめてください。

この問題冊子を持ち帰ることはできません。

第6回

実戦問題
解答時間 80分

正解と得点分布図確認

QRコードを読み取ってオンライン解答用紙に解答を記入し、正解と得点分布を確認してください。

第6回 実戦問題

I

問1 a を実数とする。x の2次関数 $f(x)=x^2+ax+1$ の区間 $a-\dfrac{1}{2}\leqq x \leqq a+\dfrac{1}{2}$ における最小値を $m(a)$ とする。このとき，以下の問いに答えよ。

(1) $m\left(\dfrac{1}{4}\right)=\dfrac{\boxed{AB}}{\boxed{CD}}$

である。

(2) $m(a)$ を a の値で場合分けして求めよ。このとき，$m(a)$ の最小値を求めよ。
次の文中の $\boxed{E}$ ～ $\boxed{J}$ には，下の選択肢⓪～⑨の中から適するものを選びなさい。

ⅰ) $\boxed{E} \leqq a$ のとき，$m(a)=\boxed{F}$
$\boxed{G} < a < \boxed{E}$ のとき，$m(a)=\boxed{H}$
$a\leqq \boxed{G}$ のとき，$m(a)=\boxed{I}$

である。

ⅱ) 関数 $m(a)$ のグラフを参考にして，a が実数全体を働くとき，$m(a)$ の最小値は $\boxed{J}$ である。

⓪ $\dfrac{35}{36}$ ① $\dfrac{31}{32}$ ② $\dfrac{31}{35}$

③ $-\dfrac{1}{3}$ ④ $\dfrac{1}{3}$ ⑤ $2a^2-\dfrac{3}{2}a+\dfrac{5}{4}$

⑥ $2a^2+\dfrac{3}{2}a+\dfrac{5}{4}$ ⑦ $\dfrac{1}{4}a^2+1$ ⑧ $-\dfrac{1}{4}a^2+1$

⑨ $a^2-\dfrac{3}{2}a+\dfrac{5}{4}$

(3) $m(a)-k<0$ を満たす x の値の範囲が $m<x<n$ と $p<x<q$（ただし，$n<p$ とする）のように2つの区間に分けれるのが，k が $\dfrac{\boxed{KL}}{\boxed{MN}}<k<\boxed{O}$ を満たすときである。

注）実数：Real Number，2次関数：Quadratic Function，区間：Interval

- 計算欄 (memo) -

問2　単語の USUALLY を構成する 7 文字を横一列に並べ替えることを考える。

(1) この並べ方は

$$\boxed{\text{PQRS}}$$

通りある。

(2) S と A が隣り合うような並べ方は

$$\boxed{\text{TUV}}$$

通りある。

(3) S が A よりも左にあり，かつ Y が A よりも右にあるような並べ方は

$$\boxed{\text{WXY}}$$

通りある。

- 計算欄 (memo) -

Ⅰ の問題はこれで終わりです。Ⅰ の解答欄 Z はマークしないでください。

第6回　実戦問題

II

問1　直線 $l：kx+y-4k=0$ と円 $C：x^2+y^2-4y=0$ を考える。

(1) 円 C の中心は（ A ， B ）であり，半径は C である。

(2) 直線 l と円 C との交点を A, B とする。
　　このとき，円 C の中心と直線 l の距離は，

$$d = \frac{|\boxed{D} - \boxed{E}k|}{\sqrt{k^2 + \boxed{F}}}$$

よって，求める k の範囲は $\boxed{G} < k < \dfrac{\boxed{H}}{\boxed{I}}$ である。

(3) AB の長さが $2\sqrt{2}$ のとき，$k = \dfrac{\boxed{J}}{\boxed{K}}$ または $k = \boxed{L}$ である。

- 計算欄 (memo) -

第6回 実戦問題

問2 数列 $\{a_n\}$ の初項から第 n 項までの和を S_n とする。
条件
$$a_1=2, \quad a_{n+1}=S_n-n^2+2n+4 \,(n=1,2,3,\cdots)$$
を満たす数列 $\{a_n\}$ を考える。このとき，
$$S_{n+1}=\boxed{M}S_n-n^2+2n+4$$
である。$b_n=S_n-n^2$ とおくとき，
$$b_1=1, \quad b_{n+1}=\boxed{N}b_n+\boxed{O} \,(n=1,2,3,\cdots)$$
が成り立つ。ここで，$c_n=b_n+\boxed{P}$ とおくと，数列 $\{c_n\}$ は，初項 $\boxed{Q}$，公比 $\boxed{R}$ の等比数列となる。

よって，
$$c_n=\boxed{S}^{\,n+\boxed{T}}$$
を得る。したがって，
$$a_n=\boxed{U}^{\,n}+\boxed{V}n-\boxed{W} \,(n=2,3,4,\cdots)$$
である。

注）数列：Number Sequence, 等比数列：Geometric Progression

- 計算欄(memo) -

Ⅱの問題はこれで終わりです。Ⅱの解答欄 X ～ Z はマークしないでください。

$0 \leqq x < 2\pi$ のとき，関数

$$f(x) = 2\sin x \cos x + \sqrt{2}\sin\left(x+\frac{3}{4}\pi\right) - \sqrt{2}\sin\left(x+\frac{\pi}{4}\right)$$

の最大値，最小値を求めよう。

$$\sin\left(x+\frac{\pi}{4}\right) = \frac{\sqrt{\boxed{A}}}{\boxed{B}}(\sin x + \cos x) \text{ と } 2\sin x \cos x = \sin\boxed{C}x$$

であるから

$$f(x) = \sin\boxed{C}x - \boxed{D}\sin x$$

である。$f(x)$ の導関数 $f'(x)$ は

$$f'(x) = \boxed{E}(\boxed{F}\cos x + \boxed{G})(\cos x - \boxed{H})$$

と表される。

したがって，$f(x)$ は，$x = \dfrac{\boxed{I}}{\boxed{J}}\pi$ で，最小値 $-\dfrac{\boxed{K}\sqrt{\boxed{L}}}{\boxed{M}}$ をとり，

$x = \dfrac{\boxed{N}}{\boxed{O}}\pi$ で，最大値 $\dfrac{\boxed{P}\sqrt{\boxed{Q}}}{\boxed{R}}$ をとる。

注）導関数：Derived Function

- 計算欄(memo) -

Ⅲの問題はこれで終わりです。Ⅲの解答欄　S　〜　Z　はマークしないでください。

IV

正の実数 x に対して，$f(x)=\int_{x-1}^{x}|e^t-1|\,dt$ とする．

(1) $0<x<\boxed{1}$ のとき，

$$f(x)=\int_{x-1}^{\boxed{0}}|e^t-1|\,dt+\int_{\boxed{0}}^{x}|e^t-1|\,dt$$

$$=(e+\boxed{1})e^{x-\boxed{1}}-\boxed{2}\,x-\boxed{1}$$

となる．

(2) $\boxed{1}\leqq x$ のとき，

$$f(x)=(e-\boxed{1})e^{x-\boxed{1}}-\boxed{1}$$

となる．

(3) (1)(2)により，$f(x)$ は $x=\log\dfrac{\boxed{2}\,e}{e+\boxed{1}}$ で最小値

$$\log\dfrac{(e+\boxed{1})^{\boxed{2}}}{\boxed{4}\,e}$$

をとる．

- 計算欄 (memo) -

IVの問題はこれで終わりです。IVの解答欄 O ～ Z はマークしないでください。
コース2の問題はこれですべて終わりです。解答用紙の V はマークしないでください。
解答用紙の解答コース欄に「コース2」が正しくマークしてあるか，
もう一度確かめてください。

この問題冊子を持ち帰ることはできません。

第7回

実戦問題
解答時間 80分

正解と得点分布図確認

QRコードを読み取ってオンライン解答用紙に解答を記入し、正解と得点分布を確認してください。

I

問1 a, b, c を定数とする。2つの関数 $f(x)=(|x-2a|-3)^2$, $g(x)=-x^2+4bx+c$ について考えよ。

(1) $a=3$ のとき，不等式 $f(x) \leq g(x)$ の解が $0 \leq x \leq 12$ となるような b, c の値を求めよ。

関数 $y=f(x)$ を絶対値の記号を用いずに表すと，

$x \geq \boxed{A}$ のとき，$f(x)=(x-\boxed{B})^2$

$x < \boxed{A}$ のとき，$f(x)=(x-\boxed{C})^2$

となる。

この関数のグラフを参考にして，

$$b=\boxed{D}, \quad c=\boxed{E}$$

である。

(2) 関数 $f(x)$ の $0 \leq x \leq 9$ における最大値が 9 となるような a の範囲を求めよ。ただし，$a \geq 0$。

$f(2a)=\boxed{F}$ であるから，条件より，$f(2a) \geq f(\boxed{G})$ である。

よって，$\boxed{H} \leq a \leq \boxed{I}$ のとき，関数 $f(x)$ の最大値が 9 となるような a の値の範囲を求めればよい。

ⅰ) $a=\boxed{H}$ のとき，$f(9) > f(\boxed{H})=9$ であるから，不適合。

ⅱ) $\boxed{H} < a < \boxed{I}$ のとき，$\dfrac{\boxed{J}}{\boxed{K}} \leq a < \boxed{L}$ である。

ⅲ) $a=\boxed{I}$ のとき $f(x)$ の最大値は $f(0)=f(6)=9$ であり，条件に満たすから，$a=\boxed{L}$ である。

したがって，$\dfrac{\boxed{J}}{\boxed{K}} \leq a \leq \boxed{L}$

である。

注) 定数：Constant, 絶対値：Absolute Value

- 計算欄 (memo) -

問2　1から10までの番号が1つずつ書かれた10枚のカードが箱に入っている。箱から1枚ずつカードを取り出す。ただし，取り出したカードはもとに戻さない。

(1) 続けて5枚取り出すとき，カードの番号が，偶数，奇数，偶数，偶数，奇数の順番となる確率は

$$\frac{\boxed{M}}{\boxed{NOP}}$$

である。

(2) 続けて5枚取り出すとき，そのうちちょうど3枚のカードの番号が偶数となる確率は

$$\frac{\boxed{QR}}{\boxed{ST}}$$

である。

(3) 奇数番号のカードのうち2枚，偶数番号のカードのうち3枚が，赤く塗られているとする。この10枚のカードから続けて3枚取り出したところ，ちょうど2枚が赤であった。このとき，カードの番号が偶数，奇数，偶数の順番で取り出された確率は

$$\frac{\boxed{U}}{\boxed{VW}}$$

である。

注）偶数：Even Number，奇数：Odd Number，確率：Probability

- 計算欄(memo) -

Ⅰ の問題はこれで終わりです。Ⅰ の解答欄 **X** ～ **Z** はマークしないでください。

Ⅱ

問1 連立不等式 $2x+y \leqq 14$, $x+3y \leqq 27$, $x \geqq 0$, $y \geqq 0$ の表す領域を D とする。点 $P(x, y)$ が領域 D 内を働くとき，以下の問いに答えなさい。

(1) 点 P の座標が (A , B) のとき, $x+y$ は最大値 CD をとる。

(2) 点 P の座標が (E , F) のとき, $x^2+y^2-4x-6y$ は最大値 GH をとる。

(3) 点 P の座標が (I , J) のとき, $\dfrac{y+2}{x+1}$ は最小値 $\dfrac{K}{L}$ をとる。

(4) 点 P の座標が (M , N) のとき, $|x+y-6|$ は最大値 O をとる。

- 計算欄 (memo) -

第7回　実戦問題

問2　複素数平面上の相異なる3点 A, B, C を表す複素数をそれぞれ α, β, γ とする。α, β, γ が

$$(1-5i)\alpha - (2+3i)\beta + (1+8i)\gamma = 0 \quad \cdots\cdots\cdots \text{①}$$

を満たすとき，次の問いに答えよ。

(1)　①により

$$\frac{\alpha-\gamma}{\beta-\gamma} = \frac{-\boxed{P}+i}{\boxed{Q}}$$

であるから

$$\left|\frac{\alpha-\gamma}{\beta-\gamma}\right| = \frac{\sqrt{\boxed{R}}}{\boxed{S}}, \quad \arg\frac{\alpha-\gamma}{\beta-\gamma} = \frac{\boxed{T}}{\boxed{U}}\pi$$

である。ただし，$-\pi < \arg\dfrac{\alpha-\gamma}{\beta-\gamma} < \pi$ とする。

よって，

$$\frac{AC}{BC} = \frac{\sqrt{\boxed{V}}}{\boxed{W}}, \quad \angle ACB = \frac{\boxed{X}}{\boxed{Y}}\pi$$

である。

(2)　$AB = 3\sqrt{10}$ のとき，三角形 ABC の面積は $\boxed{Z}$ である。

注）複素数：Complex Number

- 計算欄(memo) -

Ⅱ の問題はこれで終わりです。

III

関数 $f(x)=\dfrac{\log 2x}{x}$ を考える。次の問いに答えなさい。

ただし，$\boxed{E}$，$\boxed{H}$ には下の⓪〜③の中から，適する式を選びなさい。

(1) $f(x)$ を微分して，
$$f'(x)=\dfrac{\boxed{A}-\log 2x}{x^{\boxed{B}}}$$

であるから，$f(x)$ は $x=\dfrac{e}{\boxed{C}}$ で，最大値 $\dfrac{\boxed{D}}{e}$ をとる。

(2) 点 $\left(t,\dfrac{\log 2t}{t}\right)$ における曲線 $f(x)=\dfrac{\log 2x}{x}$ の接線の方程式は
$$y-\dfrac{\log 2t}{t}=\dfrac{\boxed{A}-\log 2t}{t^{\boxed{B}}}(x-t)$$

である。この接線が点 $(0, 0)$ を通るとき，
$$t=\sqrt{\dfrac{\boxed{E}}{\boxed{F}}}$$

であるから，この接線の方程式は
$$y=\dfrac{\boxed{G}}{\boxed{H}}x$$

である。

(3) (2)における接線と曲線 $f(x)=\dfrac{\log 2x}{x}$，および x 軸とで囲まれた図形の面積を S とすると
$$S=\dfrac{\boxed{I}}{\boxed{J}}$$

である。

⓪ e ① $2e$ ② $3e$ ③ $4e$

注) 接線：Tangent

- 計算欄 (memo) -

III の問題はこれで終わりです。III の解答欄 K ～ Z はマークしないでください。

IV

$0 \leq \theta \leq \dfrac{\pi}{2}$ において，媒介変数 θ で表された曲線

$$\begin{cases} x = \cos 3\theta + 3\cos\theta \\ y = -\sin 3\theta + 3\sin\theta \end{cases}$$

を C とする。

(1) $\sin 3\theta = -\boxed{\text{A}}\sin^3\theta + \boxed{\text{B}}\sin\theta,\ \cos 3\theta = \boxed{\text{C}}\cos^3\theta - \boxed{\text{D}}\cos\theta$ により

$$x = \boxed{\text{E}}\cos^3\theta,\ y = \boxed{\text{F}}\sin^3\theta$$

である。$x,\ y$ をそれぞれ θ で微分すると

$$\dfrac{dx}{d\theta} = \boxed{\text{GHI}}\sin\theta \cdot \cos^2\theta$$

$$\dfrac{dy}{d\theta} = \boxed{\text{JK}}\sin^2\theta \cdot \cos\theta$$

である。よって

$$\left(\dfrac{dx}{d\theta}\right)^2 + \left(\dfrac{dy}{d\theta}\right)^2 = \boxed{\text{LM}}\sin^2\boxed{\text{N}}\theta$$

となる。したがって，C の長さを L とすると

$$L = \boxed{\text{O}}$$

である。

(2) C と x 軸，y 軸で囲まれた図形を D とする。D の面積 S は

$$S = \int_{\boxed{\text{Q}}}^{\boxed{\text{P}}} y\,dx = \int_{\frac{\pi}{2}}^{0} \boxed{\text{F}}\sin^3\theta \cdot (\boxed{\text{GHI}})\sin\theta \cdot \cos^2\theta\,d\theta$$

$$= \boxed{\text{R}} \int_{0}^{\frac{\pi}{2}} (\boxed{\text{S}} - \cos\boxed{\text{T}}\theta - 2\sin^2 2\theta \cdot \cos 2\theta)\,d\theta$$

$$= \dfrac{\boxed{\text{U}}}{\boxed{\text{V}}}\pi$$

である。

― 計算欄（memo）―

IVの問題はこれで終わりです。IVの解答欄 W ～ Z はマークしないでください。
コース2の問題はこれですべて終わりです。解答用紙の V はマークしないでください。
解答用紙の解答コース欄に「コース2」が正しくマークしてあるか，
もう一度確かめてください。

この問題冊子を持ち帰ることはできません。

第8回

実戦問題
解答時間 80分

第8回　実戦問題

I

問1　$a \neq 0$ とし，放物線 $y = a(x-2)^2 + \dfrac{1}{2a}$ を C，直線 $y = x$ を L_1 とする。
また，点 $(2, 0)$ を通り傾き m の直線を L_2 とする。

(1) 放物線 C と直線 L_1 が異なる 2 点で交わるような a の値の範囲は

$$a > \dfrac{\boxed{A}}{\boxed{B}}$$

である。

(2) $a > 1$ のとき，放物線 C が直線 L_1 から切り取る線分の長さを L とする。
$\sqrt{2} \leqq L \leqq 2$ となるような，a の値の範囲は

$$\boxed{C} + \dfrac{\sqrt{\boxed{DE}}}{\boxed{F}} \leqq a \leqq \boxed{G} + \sqrt{\boxed{HI}}$$

である。

(3) 放物線 C と直線 L_2 が接するとき，m は a に無関係な値

$$m = -\sqrt{\boxed{J}},\ \sqrt{\boxed{K}}$$

をとる。
　また，$m = -\sqrt{\boxed{J}}$ のとき，接点の x 座標は

$$\dfrac{\boxed{L}\,a - \sqrt{\boxed{M}}}{\boxed{N}\,a}$$

である。

$m = \sqrt{\boxed{K}}$ のとき，接点の x 座標は

$$\dfrac{\boxed{L}\,a + \sqrt{\boxed{M}}}{\boxed{N}\,a}$$

である。

注）放物線：Parabola

- 計算欄 (memo) -

第8回　実戦問題

問2　箱の中に，1の数字を書いたカード，2の数字を書いたカード，3の数字を書いたカードがそれぞれ1枚ずつ入っている。この箱の中から，無作為にカードを1枚取り出して数字を記録し，もとに戻すという試行を6回繰り返す。6個の数字を記録された順に $x_1, x_2, x_3, x_4, x_5, x_6$ とし，$x_1(x_2+x_3)(x_4+x_5+x_6)$ を a とおく。次の問いに答えよ。

(1) a が10である確率は

$$\dfrac{2}{3^{5}}$$

である。

(2) a が奇数である確率は

$$\dfrac{112}{3^{6}}$$

である。

(3) a の正の約数の個数が3であるとき，

$$a = 9,\ 25$$

である。
　また，a が奇数であったとき，a の正の約数の個数が3である確率は

$$\dfrac{1}{8}$$

である。

注）確率：Probability，　奇数：Odd Number

- 計算欄 (memo) -

Ⅰ の問題はこれで終わりです。Ⅰ の解答欄　Z　はマークしないでください。

問1 文中の B , D には適する数を入れなさい。また，それ以外の □ には，下の⓪〜⑨の中から適するものを選びなさい。

四面体 $OABC$ において，$OA=OB=OC=1$, $\angle AOC=60°$, $\angle AOB=\angle BOC=90°$ であるとき，線分 AB の中点を M, 線分 BC を $2:1$ に内分する点を N, 線分 MN を $t:(1-t)$ に内分する点を P とする。ただし，$0<t<1$ とする。

(1) $\overrightarrow{OA}=\vec{a}$, $\overrightarrow{OB}=\vec{b}$, $\overrightarrow{OC}=\vec{c}$ とおき，$\overrightarrow{OP}$ を $\vec{a}, \vec{b}, \vec{c}$ で表すと

$$\overrightarrow{OP}=\boxed{A}(\boxed{B}-t)\vec{a}+\boxed{C}(\boxed{D}-t)\vec{b}+\boxed{E}t\vec{c}$$

であるから，

$$|\overrightarrow{OP}|^2=\boxed{F}t^2-\boxed{G}t+\boxed{H}$$

となる。

(2) $|\overrightarrow{OP}|^2$ が最小となるときの t の値を求めると

$$t=\boxed{I}$$

であり，その $|\overrightarrow{OP}|^2$ の最小値は $\boxed{J}$ である。

(3) (2)のとき，$\cos\angle AOP=\boxed{K}$ である。
   また，三角形 AOP の面積 S は

$$S=\boxed{L}$$

である。

⓪ $\dfrac{1}{6}$ ① $\dfrac{1}{3}$ ② $\dfrac{7}{18}$ ③ $\dfrac{3}{7}$ ④ $\dfrac{1}{2}$

⑤ $\dfrac{2}{3}$ ⑥ $\dfrac{\sqrt{2}}{7}$ ⑦ $\dfrac{\sqrt{3}}{7}$ ⑧ $\dfrac{\sqrt{14}}{7}$ ⑨ $\dfrac{\sqrt{21}}{7}$

注）四面体：Tetrahedron，内分する：Divide Internally

- 計算欄 (memo) -

第8回　実戦問題

問2　O を原点とする複素数平面上で，2つの複素数 $\alpha=2+i$, $\beta=1+3i$ の表す点をそれぞれ A, B とする。

このとき，複素数 $\dfrac{\beta}{\alpha}$ の偏角は，

$$\arg\dfrac{\beta}{\alpha}=\dfrac{\boxed{\text{M}}}{\boxed{\text{N}}}\pi$$

である。ただし，$0\leqq\arg\dfrac{\beta}{\alpha}<2\pi$ 。

また，直線 OB に関して，点 A と対称点 C を表す複素数は，

$$r=\boxed{\text{OP}}+\boxed{\text{Q}}\,i$$

である。

そのとき，三角形 ABC の面積は，

$$S=\dfrac{\boxed{\text{R}}}{\boxed{\text{S}}}$$

である。

注）複素数：Complex Number

- 計算欄(memo) -

Ⅱの問題はこれで終わりです。Ⅱの解答欄 T ～ Z はマークしないでください。

x の関数
$$f(x) = x^2 \log x$$
を考える。ただし，対数は自然対数である。

(1) $f(x)$ の導関数は
$$f'(x) = x(\boxed{A} + \boxed{B} \log x)$$
であるから，$f(x)$ が単調減少である x の変域は
$$\boxed{C} < x \leqq \frac{\boxed{D}}{\sqrt{e}}$$
であり，単調増加である x の変域は
$$\frac{\boxed{D}}{\sqrt{e}} \leqq x$$
である。

(2) 点 $(e, f(e))$ における曲線 $y = f(x)$ の接線を l とする。接線 l の方程式は
$$y = e(\boxed{E} x - \boxed{F} e)$$
である。

(3) 曲線 $y = f(x)$ と接線 l および x 軸で囲まれた図形の面積 S は
$$S = \frac{\boxed{G}}{\boxed{HI}} e^{\boxed{J}} + \frac{\boxed{K}}{\boxed{L}}$$
である。

注) 導関数：Derived Function, 接線：Tangent

- 計算欄 (memo) -

III の問題はこれで終わりです。III の解答欄 M ～ Z はマークしないでください。

第8回 実戦問題

IV

関数 $f(x)$ を $f(x)=2x+\int_{-\frac{\pi}{2}}^{\frac{\pi}{2}} f(t)\sin(x+t)dt$ によって定める。

このとき，$f(x)$ を求めよう。

(1) 次の文中の $\boxed{A}$ には，下の選択肢⓪〜⑦の中から適するものを選びなさい。

$x\sin x$ 不定積分は $\int x\sin x\,dx = \boxed{A} + C$（Cは積分定数）である。

⓪ $\sin x + x\sin x$ ① $\sin x + x\cos x$ ② $\cos x + x\sin x$ ③ $\cos x + x\cos x$

④ $\sin x - x\sin x$ ⑤ $\sin x - x\cos x$ ⑥ $\cos x - x\sin x$ ⑦ $\cos x - x\cos x$

(2) 次の文中の $\boxed{B}$ 〜 $\boxed{E}$ には，下の選択肢⓪〜⑦の中から適するものを選びなさい。それ以外の $\boxed{}$ には，適する数を入れなさい。

まず，
$$\begin{cases} m = \int_{-\frac{\pi}{2}}^{\frac{\pi}{2}} f(t)\cos t\,dt \\ n = \int_{-\frac{\pi}{2}}^{\frac{\pi}{2}} f(t)\sin t\,dt \end{cases} \cdots\cdots ①$$

とおくとき，$f(x)$ を m,n を用いて
$$f(x) = 2x + m\boxed{B} + n\boxed{C} \quad\cdots\cdots ②$$
と表される。

①で与えられていると②より
$$m = 2\int_{-\frac{\pi}{2}}^{\frac{\pi}{2}} t\cos t\,dt + m\int_{-\frac{\pi}{2}}^{\frac{\pi}{2}} \frac{\boxed{D}}{2}dt + n\int_{-\frac{\pi}{2}}^{\frac{\pi}{2}} \frac{1+\boxed{E}}{2}dt = \frac{\pi}{\boxed{F}}n$$

となる。同様として
$$n = \boxed{G} + \frac{\pi}{\boxed{H}}m$$

したがって，
$$f(x) = 2x + \frac{\boxed{I}}{\boxed{J}-\pi\boxed{K}}(\pi\sin x + \boxed{L}\cos x)$$

⓪ $\sin t$ ① $\cos t$ ② $\sin 2t$ ③ $\cos 2t$

④ $\sin x$ ⑤ $\cos x$ ⑥ $\sin 2x$ ⑦ $\cos 2x$

− 計算欄 (memo) −

IV の問題はこれで終わりです。IV の解答欄 M ～ Z はマークしないでください。
コース 2 の問題はこれですべて終わりです。解答用紙の V はマークしないでください。
解答用紙の解答コース欄に「コース 2」が正しくマークしてあるか，
もう一度確かめてください。

この問題冊子を持ち帰ることはできません。

第9回

実戦問題

解答時間 80分

正解と得点分布図確認

QRコードを読み取ってオンライン解答用紙に解答を記入し、正解と得点分布を確認してください。

第9回 実戦問題

問1 放物線 $C_1: y = \dfrac{1}{2}x^2 - 2x + 3$ を x 軸方向に a だけ，y 軸方向に b だけ平行移動した放物線を C_2 とするとき，C_2 は直線 $y = 2x+1$ に接する。ただし，a，b は整数とする。

(1) C_2 の頂点は
$$(a + \boxed{A},\ b + \boxed{B})$$
である。

(2) C_2 は直線 $y = 2x+1$ に接するから，
$$b = \boxed{C}a + \boxed{D}$$
である。

(3) C_1 の頂点と C_2 の頂点との距離を d とするとき，
$$d^2 = \boxed{E}a^2 + \boxed{FG}a + \boxed{HI}$$
である。

d^2 の最小値は
$$\boxed{J}$$
である。

そのとき，
$$a = \boxed{KL},\quad b = \boxed{M}$$
である。

注) 放物線：Parabola

- 計算欄 (memo) -

問2　6人の生徒 a, b, c, d, e, f に対して3つの部屋 A, B, C がある。A, B, C の最大収容人数は A が 2 人，B が 3 人，C が 4 人である。

(1) 生徒全員を一列に並べるとき，c と d が隣り合う並べ方は

$$\boxed{\text{NOP}}$$

通り。

(2) 生徒全員を3つの部屋に入れるとき，A の人数が 2 人になるような入れ方は

$$\boxed{\text{QRS}}$$

通り。ただし，空き部屋があってもよいとする。

(3) 生徒全員を3つの部屋に入れるとき，c が A に入れるような入れ方は

$$\boxed{\text{TUV}}$$

通り。ただし，空き部屋があってもよいとする。

(4) 生徒全員を3つの部屋に入れる入れ方は

$$\boxed{\text{WXY}}$$

通り。ただし，空き部屋があってもよいとする。

- 計算欄(memo) -

Ⅰの問題はこれで終わりです。Ⅰの解答欄 Z はマークしないでください。

II

問 1 複素数平面上に 2 点 $Z_1=3+4i$, $Z_2=1+3i$ がある。

(1) $|Z_1|=\boxed{\text{A}}$ であり，Z_1 の偏角を $\theta\,(0\leqq\theta<2\pi)$ とすると
$$\cos\theta=\frac{\boxed{\text{B}}}{\boxed{\text{C}}}$$
である。

(2) 点 Z_2 を原点を中心として $-\theta$ だけ回転した点を表す複素数を Z_3 とすると
$$Z_3=\boxed{\text{D}}+i$$
である。

(3) 点 Z_2 を原点を中心として $\dfrac{\pi}{2}$ だけ回転した点を表す複素数を Z_4 とすると
$$Z_4=\boxed{\text{EF}}+i$$
である。

(4) 複素数平面上で 2 点 Z_3, Z_4 からの距離の比が $1:2$ になる点の全体は点 $\boxed{\text{G}}+i$ を中心とする半径 $\boxed{\text{H}}$ の円である。

注）複素数：Complex Number

- 計算欄 (memo) -

問2　a を正の定数である，xy 平面において，円 $C：x^2+y^2-4ax+6ay=0$ と領域 $D：(x+y-2)(x+y+2)\leqq 0$ を考える。

(1)　円 C の中心の座標は

$$\left(\boxed{\text{I}}\,a,\ \boxed{\text{JK}}\,a\right)$$

半径は

$$\sqrt{\boxed{\text{LM}}}\,a$$

となる。

(2)　円 C とその内部が D 内にある条件は，円 C の中心 $\left(\boxed{\text{I}}\,a,\ \boxed{\text{JK}}\,a\right)$ が領域 D 内にあり，点 $\left(\boxed{\text{I}}\,a,\ \boxed{\text{JK}}\,a\right)$ と 2 直線 $x+y-2=0$，$x+y+2=0$ との距離がそれぞれ $\sqrt{\boxed{\text{LM}}}\,a$ 以上である。

よって，a の値の範囲は

$$\boxed{\text{N}} < a \leqq \frac{\boxed{\text{O}}\left(\sqrt{\boxed{\text{PQ}}}-\boxed{\text{R}}\right)}{\boxed{\text{ST}}}$$

である。

注）定数：Constant

― 計算欄 (memo) ―

II の問題はこれで終わりです。II の解答欄 U ～ Z はマークしないでください。

III

関数
$$f(x) = 8^x + 8^{-x} - 13(4^x + 4^{-x}) + 51(2^x + 2^{-x}) - 50 \quad \cdots\cdots \quad ①$$
の最小値をもとめよ。

$2^x + 2^{-x} = t$ とおくと，t のとる値の範囲は
$$t \geq \boxed{2}$$
である。

また，
$$4^x + 4^{-x} = t^{\boxed{2}} - \boxed{2}$$
$$8^x + 8^{-x} = t^{\boxed{3}} - \boxed{3}\,t$$

により，①の右辺を t で表して，その式が表す関数を $g(t)$ とおくと，その導関数は
$$g'(t) = \boxed{3}\,t^2 - \boxed{26}\,t + \boxed{48}$$
である。

したがって，$f(x)$ は $x = \log_2(\boxed{3} \pm \boxed{2}\sqrt{\boxed{2}})$ で最小値 $\boxed{12}$ をとる。

注）導関数 : Derived Function

- 計算欄(memo) -

Ⅲの問題はこれで終わりです。Ⅲの解答欄 P ～ Z はマークしないでください。

第9回 実戦問題

IV

関数 $f(x)=\dfrac{x+a}{x^2-3x+2}$ $(1<x<2)$ があり,$x=3-\sqrt{2}$ で極値をもつ。

ただし,a は実数である。また,座標平面上の曲線 $y=f(x)$ を C とする。次の問いに答えよ。

(1) $f(x)$ の導関数は
$$f'(x)=\dfrac{-x^2-\boxed{A}ax+\boxed{B}a+\boxed{C}}{(x^2-3x+2)^2}$$
である。

$f(x)$ が $x=3-\sqrt{2}$ で極値をもつから
$$a=\boxed{DE}$$
である。

(2) C と直線 $y=6$ で囲まれた部分の面積を S とする。
$$S=\int_{\boxed{\frac{H}{I}}}^{\boxed{\frac{F}{G}}}\left(6-\dfrac{\boxed{J}}{x-1}+\dfrac{\boxed{K}}{x-2}\right)dx=\boxed{L}-\boxed{M}\log\boxed{N}+\log\boxed{O}$$
である。

注) 実数:Real Number

― 計算欄(memo) ―

IVの問題はこれで終わりです。IVの解答欄 P ～ Z はマークしないでください。
コース2の問題はこれですべて終わりです。解答用紙の V はマークしないでください。
解答用紙の解答コース欄に「コース2」が正しくマークしてあるか，
もう一度確かめてください。

この問題冊子を持ち帰ることはできません。

第 10 回

実戦問題

解答時間 80 分

正解と得点分布図確認

QRコードを読み取ってオンライン解答用紙に解答を記入し、正解と得点分布を確認してください。

第10回　実戦問題

問1　a, b を定数とし，放物線 C：$y = x^2 + ax + b$ の頂点が直線 $y = x+1$ 上にあるとき以下について考えよ．

(1)　b は a を用いて表すと

$$b = \frac{1}{\boxed{A}}\left(a - \boxed{B}\right)^2 + \frac{\boxed{C}}{\boxed{D}}$$

である．

(2)　放物線 C が点 $(0, 1)$ を通るとき，C の頂点の座標は

$$(\boxed{E}, \boxed{F}) \text{ または } (\boxed{GH}, \boxed{I})$$

である．

(3)　放物線 C が x 軸と異なる 2 点で交わり，かつその 2 点間の距離が 2 であるとき，C の頂点の座標は

$$(\boxed{JK}, \boxed{LM})$$

である．

注）定数：Constant，放物線：Parabola

- 計算欄 (memo) -

第10回 実戦問題

問2 右の図のように，ある街には東西に平行に4本，南北に平行に5本の道がある。これらの道を通って，最短距離でスタート地点からゴール地点へ向かう。

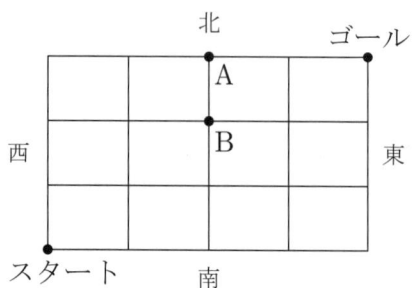

(1) 道順は全部で $\boxed{NO}$ 通りある。

(2) 地点Bを通る道順は全部で $\boxed{PQ}$ 通りある。

ここで，各交差点で，東に行くか，北に行くかは等確率とし，一方しか行けないときは確率1でその方向に行くものとする。以下の各問いに答えよ。

(3) 地点Bを通る確率は $\dfrac{\boxed{R}}{\boxed{S}}$ である。

(4) 地点Aを通る確率は $\dfrac{\boxed{T}}{\boxed{U}}$ である。

(5) 地点Aと地点Bのうち，少なくとも一方を通る確率は $\dfrac{\boxed{VW}}{\boxed{XY}}$ である。

注）確率：Probability

- 計算欄 (memo) -

Ⅰ の問題はこれで終わりです。Ⅰ の解答欄 **Z** はマークしないでください。

第10回　実戦問題

II

問1　次の文中の □ には，下の選択肢⓪〜⑨の中から適するものを選びなさい。$a_1=2$, $b_1=-1$ および

$$a_{n+1}=2a_n+b_n \quad\cdots\cdots\cdots\quad ①$$
$$b_{n+1}=-a_n+4b_n \quad\cdots\cdots\cdots\quad ② \quad (n=1, 2, 3, \cdots)$$

で定められた数列 $\{a_n\}$, $\{b_n\}$ がある。

　まず，①，②により

$$a_{n+1}-b_{n+1}=3(a_n-b_n)$$

となるから，

$$a_n-b_n=3^{\boxed{A}}$$

すなわち $b_n=a_n-3^{\boxed{A}}$ である。これを①に代入すると，

$$a_{n+1}=3a_n-3^{\boxed{A}} \quad\cdots\cdots\cdots\quad ③$$

となる。ここで，$\dfrac{a_n}{\boxed{B}^{\boxed{C}}}=c_n\,(n=1, 2, 3, \cdots)$ とおくと，

③は

$$c_{n+1}-c_n=-\dfrac{\boxed{D}}{\boxed{E}}$$

となる。よって，

$$c_n=\boxed{F}-\dfrac{\boxed{G}}{\boxed{H}}n$$

となる。

　したがって，

$$a_n=(\boxed{I}-n)\cdot\boxed{J}^{\boxed{K}}, \quad b_n=-\boxed{L}\cdot\boxed{J}^{\boxed{K}}$$

である。次に，$S_n=\displaystyle\sum_{k=1}^{n}(a_k+b_k)$ とおき

$$S_n=-\boxed{M}-\boxed{N}\cdot\boxed{J}^{\boxed{O}}$$

を得る。

⓪　0　　①　1　　②　2　　③　3　　④　4
⑤　$n-2$　　⑥　$n-1$　　⑦　n　　⑧　$n+1$　　⑨　$n+2$

注）数列：Number Sequence

- 計算欄 (memo) -

第10回　実戦問題

問2　次の文中の V , W , Y には，下の選択肢⓪〜⑨の中から適するものを選び，ほかの □ には適する数を入れなさい。

円 $C: x^2+y^2-6x+5=0$ と直線 $L: y=ax$ を考える。ここで，a は実数である。

(1)　円 C の中心は (P , Q) であり，半径は R である。

(2)　円 C の中心から直線 L への距離 d は

$$d = \frac{|\boxed{S}a|}{\sqrt{a^{\boxed{T}}+\boxed{U}}}$$

であるから，円 C と直線 L が異なる2点 A, B で交わるとき，a のとり得る値の範囲は

V $< a <$ W

である。

(3)　線分 AB の中点 P の座標を (x, y) とおく，a を動かしたとき，P の軌跡の方程式は

$$x^2+y^2-\boxed{X}x=0$$

である。ただし，x のとり得る値の範囲は

Y $< x \leqq$ Z

である。

⓪ $-\dfrac{5}{2}$　　① $-\dfrac{5}{3}$　　② $-\dfrac{2\sqrt{5}}{5}$　　③ $-\dfrac{\sqrt{5}}{3}$　　④ $-\dfrac{\sqrt{5}}{5}$

⑤ $\dfrac{\sqrt{5}}{5}$　　⑥ $\dfrac{\sqrt{5}}{3}$　　⑦ $\dfrac{2\sqrt{5}}{5}$　　⑧ $\dfrac{5}{3}$　　⑨ $\dfrac{5}{2}$

注）実数：Real Number

- 計算欄 (memo) -

Ⅱ の問題はこれで終わりです。

第10回 実戦問題

III

a を正の定数とする。次の2つの関数

$$y = x^2 - 6a \quad \cdots\cdots\cdots \quad ①$$

$$y = -x^2 + 4ax - 2a^3 - 2a^2 \quad \cdots\cdots\cdots \quad ②$$

を考える。

(1) 曲線①と曲線②は異なる2点で交わる。その x 座標を $\alpha, \beta \, (\alpha < \beta)$ とするとき，

$$\alpha + \beta = \boxed{A}\, a$$

$$\alpha\beta = a^3 + a^2 - \boxed{B}\, a$$

となる。

また，そのときの a のとり得る値の範囲は

$$\boxed{C} < a < \sqrt{\boxed{D}}$$

である。

(2) 曲線①と曲線②で囲まれる面積を S とすると，

$$S = \frac{\boxed{E}}{\boxed{F}} (-a^{\boxed{G}} + \boxed{H}\, a)^{\frac{\boxed{I}}{\boxed{J}}}$$

である。

(3) $f(a) = -a^{\boxed{G}} + \boxed{H}\, a$ とおくと

$$f'(a) = -\boxed{K}\, a^{\boxed{L}} + \boxed{M}$$

であるから，$f(a)$ は $a = \boxed{N}$ のとき最大値となる。

よって，S は最大値

$$\frac{\boxed{OP} \sqrt{\boxed{Q}}}{\boxed{R}}$$

をとる。

- 計算欄 (memo) -

Ⅲ の問題はこれで終わりです。Ⅲ の解答欄　S　～　Z　はマークしないでください。

IV

次の文中の A, E には，下の選択肢⓪～⑦の中から適するものを選び，ほかの □ には適する数を入れなさい。

関数
$$f(x)=\frac{1}{\sin x}\ (0<x<\pi)$$
を考える。

(1) $f(x)$の導関数は
$$f'(x)=\boxed{A}$$
である。したがって，関数$f(x)$は $x=\dfrac{\boxed{B}}{\boxed{C}}\pi$ で，極小値 $\boxed{D}$ をとる。

(2) 関数$f(x)$の不定積分は
$$\int\frac{1}{\sin x}dx=\boxed{E}+C\ （Cは積分定数）$$
である。

(3) 曲線 $y=f(x)$ と直線 $y=\dfrac{2\sqrt{3}}{3}$ で囲まれる部分の面積Sは
$$S=\int_{\frac{\boxed{H}}{\boxed{I}}\pi}^{\frac{\boxed{F}}{\boxed{G}}\pi}\left(\frac{2\sqrt{3}}{3}-\frac{1}{\sin x}\right)dx=\frac{\boxed{J}\sqrt{\boxed{K}}}{\boxed{L}}\pi-\log\boxed{M}$$
である。

⓪ $\dfrac{\cos x}{\sin^2 x}$ ① $-\dfrac{\cos x}{\sin^2 x}$ ② $\dfrac{\sin x}{\cos^2 x}$

③ $-\dfrac{\sin x}{\cos^2 x}$ ④ $\log\left|\dfrac{\cos x}{1+\sin x}\right|$ ⑤ $\log\left|\dfrac{\cos x}{1-\sin x}\right|$

⑥ $\log\left|\dfrac{\sin x}{1+\cos x}\right|$ ⑦ $\log\left|\dfrac{\sin x}{1-\cos x}\right|$

注）導関数：Derived Function

- 計算欄(memo) -

IVの問題はこれで終わりです。IVの解答欄 N ～ Z はマークしないでください。
コース2の問題はこれですべて終わりです。解答用紙の V はマークしないでください。
解答用紙の解答コース欄に「コース2」が正しくマークしてあるか，
もう一度確かめてください。

この問題冊子を持ち帰ることはできません。

Answer Sheet

解答用紙

数学 MATHEMATICS

日本留学試験模擬試験
EJU Simulation Test for International Students

数学 解答用紙 MATHEMATICS ANSWER SHEET

[表 FRONT SIDE]

受験番号 Examinee Registration Number

名前 Name

↑ あなたの受験票と同じかどうか確かめてください。 Check that these are the same as your Examination Voucher.

解答コース Course
- コース 1 / Course 1
- コース 2 / Course 2

この解答用紙に解答するコースを、1つで囲みみ、そのの下のマーク欄をマークしてください。
Circle the name of the course you are taking and fill in the oval under it.

[悪い例 Incorrect Example]

注意事項 Note

1. 必ず鉛筆（HB）で記入してください。
2. この解答用紙を汚したり折ったりしてはいけません。
3. マークは下のよい例のように、○わく内を完全にぬりつぶしてください。

Marking Examples.

よい例 Correct	悪い例 Incorrect
●	⊗ ◐ ○

4. 訂正する場合はプラスチック消しゴムで完全に消し、消しくずを残してはいけません。
5. 解答番号はAからZまでありますが、問題のあるところまで答えて、あとはマークしないでください。
6. 所定の欄以外には何も書いてはいけません。
7. Ⅲ、Ⅳ、Ⅴの解答欄は裏面にあります。
8. この解答用紙はすべて機械で処理しますので、以上の1から7までが守られていないと採点されません。

— 151 —

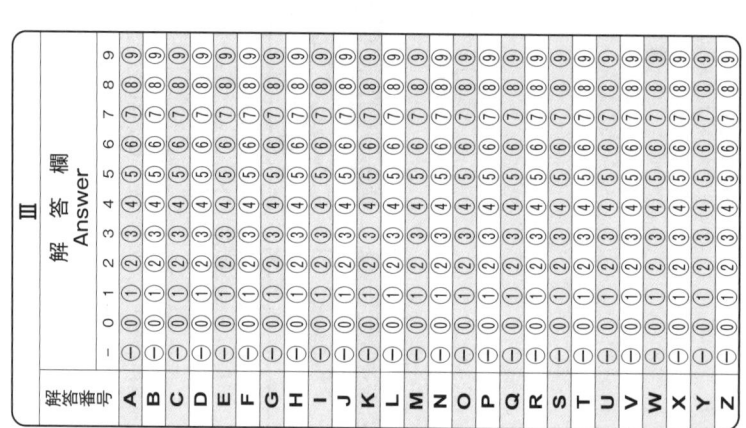

The Correct Answer
正解表

第1回

問 Q.		問題番号 row	正解 A.
I	問1	ABC	131
		D	0
		EFG	131
		HIJ	−13
	問2	KLM	540
		NOP	240
		QR	17
		STU	521
		VWXY	1121
II	問1	A	2
		B	0
		C	7
		DE	29
		F	2
		G	1
		H	1
		IJKLMN	531615
	問2	OPQ	512
		RST	112
		UV	72
		WXYZ	5334
III		A	8
		B	3
		C	4
		DE	28
		FG	17
IV		A	1
		BCDE	2112
		FGHIJK	235312
		LM	23

第2回

問 Q.		問題番号 row	正解 A.
Ⅰ	問1	AB	63
		CD	−6
		EFGH	3636
		IJK	144
	問2	LM	12
		NO	14
		PQ	14
		RS	38
		TU	38
		VW	38
Ⅱ	問1	AB	14
		CD	14
		EFG	102
		HIJ	103
		KLM	319
	問2	N	2
		OP	25
		QRS	123
		TUVW	3432
		X	2
		YZ	−1

問 Q.	問題番号 row	正解 A.
Ⅲ	AB	10
	CD	30
	EFG	121
	HIJ	343
	K	6
	L	7
	M	9
	N	3
	OP	43
	QR	23
Ⅳ	A	1
	BCD	121
	EF	36
	GHI	223

正解表

第3回

問 Q.		問題番号 row	正解 A.
Ⅰ	問1	AB	23
		CD	−1
		E	3
		FG	−1
	問2	HI	12
		J	4
		KL	12
		MNOP	1691
		QRS	325
Ⅱ		AB	14
		C	4
		DEF	163
		GH	14
		IJK	133
		LM	14
		NO	33
		PQ	16
		RSTU	1314
		VWX	433

問 Q.		問題番号 row	正解 A.
Ⅲ		ABCD	2323
		E	4
		FG	33
		HIJ	233
		KLM	233
Ⅳ	問1	A	2
		B	9
		C	1
		D	4
		E	9
		F	0
		G	0
		H	1
		I	2
	問2	J	2
		KL	22
		MNOP	2264

第4回

問 Q.		問題番号 row	正解 A.
Ⅰ	問1	AB	22
		C	9
		D	1
		EF	34
		G	6
		HI	11
		JK	33
		L	1
	問2	M	4
		NO	32
		PQ	44
		R	2
		ST	23
		UVW	112
Ⅱ	問1	A	1
		BC	35
		DEF	451
		G	3
		H	1
		IJ	52
		KLM	342
		NOP	714
	問2	QR	32
		S	5
		TUV	211
		W	2
		XY	43
		Z	4

問 Q.	問題番号 row	正解 A.
Ⅲ	AB	24
	CD	12
	EFGH	−333
	IJKL	−321
	MNO	422
	PQ	−2
Ⅳ	AB	21
	CDEFG	42124
	HI	28
	JKLMN	32256
	OPQ	232

第 5 回

問 Q.		問題番号 row	正解 A.
Ⅰ	問1	ABCDE	21441
		FG	01
		H	9
		I	3
		J	2
		KL	21
		MN	42
	問2	OP	15
		QRS	815
		TU	56
Ⅱ	問1	ABCD	2949
		EF	32
		GH	21
		IJKL	2813
	問2	M	3
		N	2
		OPQR	2343
		STU	423
		V	2
		WXYZ	4332

問 Q.	問題番号 row	正解 A.
Ⅲ	AB	64
	CD	32
	E	1
	FG	13
	H	0
	I	1
	JK	−3
	LM	−1
Ⅳ	AB	12
	CD	76
	EFG	763
	H	0
	I	2
	JKLM	2182
	NOP	222
	QRSTUVW	2434896

第6回

問 Q.		問題番号 row	正解 A.
Ⅰ	問1	ABCD	6364
		E	4
		F	5
		G	3
		H	8
		I	6
		J	1
		KLMNO	31321
	問2	PQRS	1260
		TUV	360
		WXY	210
Ⅱ	問1	AB	02
		C	2
		DEF	241
		GHI	043
		JK	17
		L	1
	問2	M	2
		NO	23
		P	3
		Q	4
		R	2
		ST	21
		UVW	221

問 Q.	問題番号 row	正解 A.
Ⅲ	AB	22
	C	2
	D	2
	EFGH	2211
	IJ	23
	KLM	332
	NO	43
	PQR	332
Ⅳ	A	1
	B	0
	CDEF	1121
	GHI	111
	JK	21
	LMN	124

第7回

問Q.		問題番号 row	正解A.
I	問1	A	6
		B	9
		C	3
		D	3
		E	9
		F	9
		G	0
		HI	03
		JKL	323
	問2	MNOP	5126
		QRST	2563
		UVW	750
II	問1	AB	38
		CD	11
		EF	09
		GH	27
		IJ	70
		KL	14
		MN	00
		O	6
	問2	PQ	12
		RS	22
		TU	34
		VW	22
		XY	34
		Z	9

問Q.	問題番号 row	正解A.
III	AB	12
	C	2
	D	2
	EF	02
	GH	20
	IJ	18
IV	AB	43
	CD	43
	E	4
	F	4
	GHI	−12
	JK	12
	LMN	362
	O	6
	PQ	40
	RST	314
	UV	32

第8回

問 Q.		問題番号 row	正解 A.
Ⅰ	問1	AB	18
		CDEFGHI	2142415
		JK	22
		LMN	422
	問2	OP	25
		QRST	1126
		U	9
		VW	25
		XY	18
Ⅱ	問1	ABCDE	41035
		FGH	214
		I	3
		J	3
		K	9
		L	7
	問2	MN	14
		OPQ	−12
		RS	52
Ⅲ		AB	12
		CD	01
		EF	32
		GHIJKL	118319
Ⅳ		A	5
		BC	45
		DE	23
		F	2
		GH	42
		IJKL	8422

正解表

第9回

問 Q.		問題番号 row	正解 A.
I	問1	AB	21
		CD	26
		EFGHI	52436
		J	8
		KL	−2
		M	2
	問2	NOP	240
		QRS	225
		TUV	100
		WXY	410
II	問1	A	5
		BC	35
		D	3
		EF	−3
		G	5
		H	4
	問2	IJK	2 −3
		LM	13
		N	0
		OPQRST	226125
III		A	2
		BC	22
		DE	33
		FGHIJ	32648
		KLM	322
		NO	12
IV		ABC	232
		DE	−3
		FG	53
		HI	32
		JK	21
		LMNO	1323

第 10 回

問Q.		問題番号 row	正解 A.
Ⅰ	問1	ABCD	4134
		EF	01
		GHI	−10
		JKLM	−2 −1
	問2	NO	35
		PQ	18
		RS	38
		TU	12
		VWXY	1116
Ⅱ	問1	A	7
		BC	37
		DE	13
		FGH	113
		IJK	336
		L	7
		MNO	257
	問2	PQ	30
		R	2
		STU	321
		VW	27
		X	3
		YZ	83

問Q.	問題番号 row	正解 A.
Ⅲ	A	2
	B	3
	CD	03
	EFGHIJ	833332
	KLM	323
	N	1
	OPQR	1623
Ⅳ	A	1
	BC	12
	D	1
	E	6
	FG	23
	HI	13
	JKLM	2393

本書編集部「名校志向塾」の実績紹介

名校志向塾
MEKO EDUCATION GROUP

2022年度 東京大学学部合格者 11名

合格おめでとうございます！

東大合格者
- 52%（12人）その他の合格者
- 48%（11人）本学出身者

	合格者数	本学出身者
文系1類	5名	2名
文系2類	2名	2名
文系3類	6名	2名
理系1類	4名	2名
理系2類	6名	3名
合計	23名	11名

TOP校を目指すあなたへ

名校志向塾だからできる！

☑ 対面指導　　☑ オンライン指導

EJU対策のほか、
国立大、早慶、明青立法中など、
様々な**大学の2次試験**まで対応！

- 志望理由書対策
- 併願校対策
- 小論文対策
- 最大12年分の過去問演習
- 口頭試問・面接対策
- 少人数クラス・個別指導・日本語対応

日本国外在住学生OK！

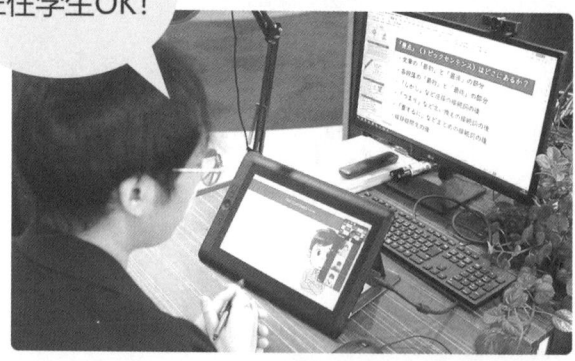

名校志向塾で一流レベルの講義を体験してみませんか？

電話　03-5332-7836（日本語OK）  Kakao Talk

㈜해외교육사업단 발행 도서

대형 서점 일본유학시험(EJU) 부문 연간 베스트셀러 다수!

일본유학시험(EJU)
2023년 1회 기출문제

일본유학시험(EJU)
대비 개념서 하이레벨
종합과목 개정 제2판

일본유학시험(EJU)
대비 개념서 하이레벨
이과 물리·화학·생물 개정판

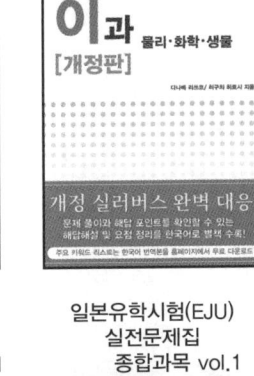

일본유학시험(EJU)
대비 개념서 하이레벨
수학 코스1

일본유학시험(EJU)
실전문제집
일본어 기술·독해 vol.1

일본유학시험(EJU)
실전문제집
일본어 청독해·청해 vol.1

일본유학시험(EJU)
실전문제집
종합과목 vol.1

일본유학시험(EJU)
실전문제집
수학 코스1 vol.1

일본유학시험(EJU)
실전문제집
일본어 기술·독해 vol.2

일본유학시험(EJU)
실전문제집
일본어 청독해·청해 vol.2

일본유학시험(EJU)
실전문제집
종합과목 vol.2

일본유학시험(EJU)
일본어 단어·어휘
100000어

▶ 판매처 : 교보문고, 영풍문고, 예스24, 알라딘, 인터파크 (각 서점 및 사이트에서 구입 가능)

▶ 해외교육사업단 : 전화 02-552-1010/ 팩스 02-552-1062/ 이메일 hedc@hed.co.kr

▶ 도서 발행 정보 : www.hedgroup.co.kr

「일본유학시험(EJU) 일본어단어·어휘 10000어」

EJU 수험생 필독서

온라인 테스트 10,000 문제 제공!

▶ 국내 유일의 EJU 단어집!

▶ 일본어 학습자를 위한 궁극의 단어집!

▶ 12년분 EJU 출제 단어 빈도순 수록!

▶ EJU 중요 키워드 수록!

▶ 음성 녹음 파일로 생생한 일본어 학습 가능!

▶ 본 시험에 가까운 예문 수록!

▶ 단어 암기용 셀로판지 포함!

(주)해외교육사업단 발행 | 536페이지 | 정가 20,000원

일본유학시험(EJU) 실전문제집 10회분 시리즈

| 일본어 기술·독해 | 일본어 청독해·청해 | 종합과목 | 수학 코스1 | 수학 코스2 |

[판매처] 교보문고, 영풍문고, 예스24, 알라딘, 인터파크(각 사이트 검색 가능)

유명 EJU 학원 메코시코주쿠의 다년간의 노하우가 담긴
국내 유일의 EJU 일본어 문법 도서

일본유학시험(EJU)
일본어 문법과 표현

일본어 초보자에서 상급자까지
단계적 학습 유도!

EJU 일본어 독해, 유명 대학 본고사의
기출문제 수록!

반복적인 보충 설명으로 상세한 해설!

일러스트로 재미있고
쉽게 이해되는 문법 공부!

아나운서와 성우가 참여해 녹음한
예문 음성파일 제공!

1,200개 이상의 확인 테스트 문제 제공!

(주)해외교육사업단 발행 l 516페이지 l 25,000원

일본 대학 진학 및 본고사 대비에 필요한 문법과 표현 총정리!

▶ EJU, JLPT, 대학 본고사 대응을 위한 일본어 종합문법

▶ 기초에서 응용 , 초일류 대학 입시 레벨의 문법까지 총정리

▶ 요점 정리 노트 스타일과 일러스트로 쉽게 이해할 수 있는 해설

▶ 일본 「국문법」과 외국인용 「일본어 교육 문법」을 동시 취급

▶ 본시험에 가까운 예문 및 필수 문형 표현으로 실전력 향상

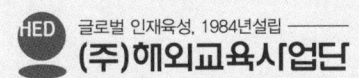
글로벌 인재육성, 1984년설립
(주)해외교육사업단

일본유학시험(EJU) 실전문제집
수학 코스2 Vol. 2

초판발행일 : 2024년 2월 26일(1쇄)
저　　자 : 메코시코주쿠 (名校志向塾)
발 행 인 : 송 부 영
발 행 처 : (주)해외교육사업단
출 판 등 록 : 제16-1456호
주　　소 : 서울시 서초구 강남대로 381
전　　화 : 02-736-1010
이 메 일 : song@hed.co.kr
홈 페 이 지 : www.hedgroup.co.kr

* 본사에서는 소중한 원고, 새로운 기획의 제안을 기다리고 있습니다.
* 이 책은 저작권법에 의해 보호를 받는 저작물이므로 무단 전재와 복제를 금합니다.
* 잘못된 책은 구입하신 서점이나 본사에서 교환해드립니다.